मोपला कांड
अर्थात्
मुझे उससे क्या?

मोपला कांड

अर्थात्

मुझे उससे क्या?

विनायक दामोदर सावरकर

प्रकाशक
प्रभात प्रकाशन प्रा. लि.
4/19 आसफ अली रोड, नई दिल्ली–110002
फोन : 011–23289777 • हेल्पलाइन नं. : 7827007777
इ–मेल : prabhatbooks@gmail.com ❖ वेब ठिकाना : www.prabhatbooks.com

संस्करण
2026

पेपरबैक मूल्य
तीन सौ पचास रुपए

मुद्रक
श्री साई प्रिंटर्स, साहिबाबाद

———— ★ ————

MOPALA KAND ARTHAT MUJHE USSE KYA?
by Vinayak Damodar Savarkar

Published by **PRABHAT PRAKASHAN PVT. LTD.**
4/19 Asaf Ali Road, New Delhi-110002

ISBN 978-93-5521-314-3

₹ 350.00 (PB)

भूमिका

यह अत्यधिक प्रसन्नता का विषय है कि प्रभात प्रकाशन वीर सावरकर की औपन्यासिक कृति 'मोपला कांड अर्थात् मुझे इससे क्या?' का नवीन संस्करण प्रकाशित कर रहा है। देश के युवाओं में ऐसी पुस्तकों के प्रति रुचि बढ़ रही है। मालाबार में 1921 में हुआ हिंदुओं का नरसंहार देश के इतिहास की एक बड़ी घटना है। उस समय हिंदुओं के नृशंस नरसंहार को बल देनेवाले वही थे, जिनके कारण 1947 में पाकिस्तान का निर्माण हुआ था। भले ही डॉ. बी.आर. आंबेडकर, सावरकर, रवींद्रनाथ टैगोर और एनी बेसेंट जैसे नेताओं ने मालाबार में हुए सांप्रदायिक दंगों की क्रूरता को स्पष्ट रूप से बताने का प्रयास किया था, लेकिन हमारे राष्ट्रीय नेताओं ने हालात की गंभीरता को नहीं समझा। आजादी के बाद भी ऐतिहासिक घटनाओं को सही रूप में रखने के प्रयास नहीं किए गए।

वैसे तो गुरुदेव टैगोर, डॉ. आंबेडकर, वीर सावरकर और एनी बेसेंट ने 1921 के मोपला विद्रोह के पीछे छिपे सांप्रदायिक उद्देश्य की सच्चाई को सामने रखा था, फिर भी राजनीतिक मंशा से प्रेरित मार्क्सवादी इतिहासकारों ने तथ्यों को उलट-पुलट दिया और इसे ब्रिटिश तथा उनके सामंती समर्थकों के विरुद्ध स्वतंत्रता के लिए एक मामूली संघर्ष के रूप में प्रस्तुत किया। यह विडंबना ही है कि केरल में कम्युनिस्ट आंदोलन के कुछ नायकों के परिवार के सदस्य राज्य में हुए सबसे भीषण सांप्रदायिक दंगों के शिकार हुए, फिर भी उन्होंने इसे सर्वहारा वर्ग की ओर से बुर्जुआ वर्ग के खिलाफ चलाए गए

आंदोलन के रूप में दिखाने की कोशिश की।

नोबेल पुरस्कार से सम्मानित रवींद्रनाथ टैगोर ने मोपला दंगाइयों के उद्देश्य को लेकर भ्रम की कोई गुंजाइश नहीं छोड़ी थी। 'समस्या' शीर्षक के अपने लेख में रवींद्रनाथ टैगोर ने 1921 के मोपला दंगों पर श्रृंगेरी शारदापीठ मठ के जगद्गुरु शंकराचार्य को भेजी गई डॉ. मुंजे की रिपोर्ट के अंश को उद्धृत किया, जो इस प्रकार है—

'मालाबार के हिंदू आम तौर पर सौम्य और विनम्र हैं तथा उनके मन में नैतिकता के नाते मोपला भय इस प्रकार समाया है कि जैसे ही ऐसी कोई समस्या खड़ी होती है, वैसे ही हिंदुओं के पास बचने का एकमात्र रास्ता यही रह जाता है कि वे जान बचाने के लिए अपने बच्चों और महिलाओं को उनके हाल पर छोड़कर भाग जाएँ और शायद सच्चे मन से यही उम्मीद करें कि अगर मोपला विद्रोही उन पर हमला करें तथा उससे पहले उनसे छेड़खानी न करें तो सर्वशक्तिमान और सर्वज्ञ भगवान् उन्हें सबक सिखाएँगे और उनका बदला लेंगे।'

टैगोर आगे बताते हैं—'हिंदू सांसारिक मामलों को यथार्थवादी तरीके से सँभालने के आदी नहीं हैं। उन्होंने खुद को नित्य और अनित्य के आधिपत्य में जकड़ लिया है और वे अपनी सामान्य सूझ-बूझ खो चुके हैं। वे बुद्धि के स्थान पर कर्मकांडों को अपनाकर, आत्मनिर्भरता के स्थान पर ईश्वर को रखकर भगवान् का अपमान करते हैं, फिर पीड़ित होते हैं और मन की जड़ता के कारण इसे समझ नहीं पाते हैं।'

1921 में मालाबार में कट्टरपंथी मोपला विद्रोहियों द्वारा की गई हिंसा ने पूरे देश में भारी आक्रोश पैदा कर दिया था। जब कांग्रेस ने स्वराज के लिए अपनी लड़ाई में मोपला को साथ लाने का प्रयास किया, तब अली मुसलियार और वरियामकुनाथ कुजाहमद हाजी के नेतृत्व में मोपलों ने हिंदुओं के विरुद्ध जंग छेड़ दी और अल-दौला (इसलामिक राज्य) की स्थापना की। यह तब तक कायम रहा, जब तक कि ब्रिटिश सेना ने उन्हें पकड़ नहीं लिया और मार नहीं डाला।

दंगों के कारणों पर गहराई से विचार करते हुए उनके विचार थे—

'रिपोर्ट के दूसरे हिस्से में डॉ. मुंजे ने बताया कि आठ सौ साल पहले मालाबार के हिंदू राजा ने ब्राह्मण मंत्रियों की सलाह के बाद अरबों को अपने राज्य में बसने की अनुमति दी थी। मुसलमानों को हिंदुओं का धर्मांतरण करने का इतना बढ़ावा दिया गया कि राजा ने हर मछुआरा परिवार को अपने किसी एक सदस्य को इसलाम में धर्मांतरित करने का निर्देश दिया। इसकी वजह स्पष्ट थी कि इस विचार के समर्थक राजा और उनके मंत्री समुद्री यात्रा को धर्म के विरुद्ध मानते थे। उन्होंने तटीय सुरक्षा की जिम्मेदारी मुसलमानों को सौंप दी, जिन्हें मनु पर नहीं, बल्कि अपने सामान्य ज्ञान पर भरोसा था।'

डॉ. मुंजे ने अपनी रिपोर्ट के एक अन्य भाग में कहा है—'आठ सौ साल पहले मालाबार के हिंदू राजा ने अपने ब्राह्मण मंत्रियों की सलाह पर अरब मुसलमानों पर बड़ा उपकार किया कि उन्हें अपने राज्य में बसने दिया। उन्होंने अरब मुसलमानों का तुष्टीकरण इस हद तक किया कि प्रत्येक हिंदू मछुआरे परिवार के एक सदस्य को अनिवार्य रूप से इसलाम में धर्मांतरण का कानून बना दिया। जो स्वभाव से ही सामान्य समझ की बजाय मूर्खता करने के आदी होते हैं, वे कभी स्वतंत्रता का आनंद नहीं उठा सकते, भले ही सिंहासन पर क्यों न बैठे हों। वे कदम उठाने की घड़ी में रात की मौज-मस्ती करते हैं। यही कारण है कि हमेशा ही उन पर भरी दोपहर में प्रेतों का हमला होता है।'

अपनी मूर्खता से बाज आओ

उसी लेख में टैगोर लिखते हैं—'मालाबार के राजा ने एक बार अपना सिंहासन मूर्खता के हवाले कर दिया था। वह मूर्खता अब भी मालाबार पर हिंदू सिंहासन से शासन कर रही है। इसलिए हिंदुओं को अभी भी पीटा जा रहा है और वे आसमान की ओर देखकर कहते हैं कि भगवान् वहाँ है! पूरे भारत में हमने मूर्खता को शासन करने दिया और उसके सामने आत्मसमर्पण कर दिया। मूर्खता के उस साम्राज्य पर सामान्य ज्ञान की घातक

कमी पर लगातार कभी पठानों द्वारा, कभी मुगलों द्वारा और कभी अंग्रेजों द्वारा आक्रमण किया गया। दूर से हम केवल उनके द्वारा दी गई यातना को देख सकते हैं, लेकिन वे केवल यातना के साधन हैं, वास्तविक कारण नहीं। यातना का वास्तविक कारण है सामान्य ज्ञान की कमी और हमारी मूर्खता, जो हमारे कष्टों के लिए जिम्मेदार है। इसलिए हिंदुओं को बाँटनेवाली और हम पर गुलामी थोपनेवाली इस मूढ़ता से हमें लड़ना होगा…अगर हम केवल यातना के बारे में सोचेंगे तो हमें कोई समाधान नहीं मिलेगा। लेकिन हमने मूर्खता छोड़ दी तो अत्याचारी हमारे सामने आत्मसमर्पण कर देंगे।'

एकजुटता और संगठित हिंदू समाज

टैगोर हिंदुओं के बीच एकता की कमी पर चिंतित थे। उन्होंने तर्क दिया कि यह एकता सेमेटिक धर्मों की विनाशकारी लहरों के खिलाफ एक कवच है। कालांतर में 'स्वामी श्रद्धानंद' शीर्षक लेख में टैगोर लिखते हैं—'जब भी कोई मुसलमान मुसलिम समाज का आह्वान करता है, तो उसे कभी किसी प्रतिरोध का सामना नहीं करना पड़ता, उसे ईश्वर के नाम पर बस 'अल्लाह-हू-अकबर' कहना होता है। दूसरी तरफ, जब हम (हिंदू) आवाज लगाते हैं—आओ हिंदुओ—तो कौन सुनता है? हम हिंदू अनेक छोटे-छोटे समुदायों, अनेक संकीर्णताओं-प्रांतवाद में बँटे हुए हैं; इन बाधाओं को पार कर कौन साथ आएगा? हम कई खतरों से त्रस्त थे, लेकिन कभी एकजुट नहीं हो सके। जब मोहम्मद गोरी ने पहली बार बाहर से आकर आक्रमण किया तो हिंदू एकजुट नहीं हो सके, जबकि उन दिनों खतरा सामने खड़ा था। जब मुसलमानों ने एक के बाद एक मंदिरों को ध्वस्त करना, देवी-देवताओं की मूर्तियों को तोड़ना शुरू किया तो हिंदू छोटी-छोटी इकाइयों में लड़े और मारे गए, लेकिन वे एकजुट नहीं हो सके। यह दिखाता है कि हम आपसी कलह के कारण अलग-अलग युगों में मारे जाते रहे।'

टैगोर के अनुसार, निरर्थक कर्मकांड हिंदुओं को विभाजित रखते हैं। हेमंतबाला सरकार को लिखे उनके एक पत्र को बंगाली साप्ताहिक

'स्वस्तिक' (21-6-1899) में उद्धृत किया गया, जिसमें नोबेल पुरस्कार विजेता लिखते हैं—'देश की भयावह स्थिति मेरे मन को बेचैन करती है और मैं चुप नहीं रह सकता। अर्थहीन कर्मकांड हिंदुओं को सैकड़ों संप्रदायों में बाँटते हैं। इस कारण हम लगातार हार का सामना कर रहे हैं। भाग्य हमारा साथ नहीं दे रहा और आंतरिक-बाहरी शत्रुओं के कारण हम थक चुके हैं। धर्म और रीति-रिवाजों में मुसलमान एकजुट हैं। बंगाली मुसलमान, दक्षिण भारतीय मुसलमान और भारत के बाहर के मुसलमान भी आपस में एक हैं। वे हमेशा खतरे के सामने एकजुट खड़े रहते हैं। टूटे और बँटे हुए हिंदुओं को फिर से मुसलमानों द्वारा अपमानित किया जाएगा। तुम बच्चों की माँ हो, एक दिन तुम मरोगी और अपने बच्चों के कमजोर कंधों पर हिंदू समाज का भविष्य छोड़ जाओगी, लेकिन उनके भविष्य के बारे में सोचो!'

'स्वामी श्रद्धानंद' शीर्षक लेख में टैगोर लिखते हैं—'तो अगर मुसलमान हमें पीटते हैं और हम हिंदू बिना प्रतिरोध के इसे सहते हैं—तो हम जान लें कि यह हमारी कमजोरी से ही संभव हुआ है। अपने और अपने पड़ोसी मुसलमानों के लिए भी हमें अपनी कमजोरी को त्यागना होगा। हम अपने पड़ोसी मुसलमानों से अपील कर सकते हैं, 'कृपया हमारे साथ क्रूर न हों। कोई भी धर्म जनसंहार पर आधारित नहीं हो सकता', लेकिन इस तरह की अपील और कुछ नहीं, बल्कि कमजोर व्यक्ति का रोना-धोना है। जब वायु में निम्न दाब उत्पन्न होता है, तो अचानक ही तूफान आ जाता है। धर्म की दुहाई से इसे कोई नहीं रोक सकता। इसी तरह अगर कमजोरी को बढ़ावा दिया जाता है और उसे बनाए रखा जाता है, तो यातना अपने आप ही आएगी, कोई भी इसे रोक नहीं सकता है। हो सकता है कि हिंदू और मुसलमान कुछ समय के लिए एक-दूसरे से झूठी दोस्ती कर लें, लेकिन यह हमेशा के लिए नहीं रह सकती। जिस मिट्टी में सिर्फ काँटेदार झाड़ियाँ उगती हैं, उसे आप जब तक साफ नहीं करते तब तक उसमें किसी फल की उम्मीद नहीं कर सकते।'

धर्म में 'केवलवाद' या 'बॉल्शेविज्म'

टैगोर उस नए धर्म को लेकर भी चिंतित थे, जो भारत के सांस्कृतिक क्षितिज में आकार ले रहा था। उनका मानना था कि हिंदुत्व द्वारा प्रचारित सार्वभौमिकता पश्चिमी विचार-प्रक्रिया से उभरे धर्मों के विभाजनकारी और विनाशकारी प्रभावों का एकमात्र समाधान है। वे चाहते थे कि भारतवर्ष 'हिंदू लोकाचार' पर कायम रहे और उनका मानना था कि अन्य धार्मिक दर्शन मानवता की बौद्धिक और नैतिक प्रगति के लिए हानिकारक हैं। पृथ्वी पर दो धर्म ऐसे हैं, जिनकी अन्य सभी धर्मों से विशिष्ट शत्रुता है—ईसाई और इसलाम। वे सिर्फ अपने धर्मों का पालन करने से संतुष्ट नहीं हैं, बल्कि अन्य सभी धर्मों को नष्ट करने का भी संकल्प ले चुके हैं। इसलिए उनके साथ शांति से रहने का एकमात्र रास्ता उनके धर्मों को अपनाना है।' (रवींद्रनाथ की मूल रचनाएँ, खंड 24, पृष्ठ 375, विश्व भारती, 1982)

टैगोर ने तीसरे धर्म बॉल्शेविज्म के खतरों के प्रति सचेत किया था। अपनी पुस्तक 'परिचय' में प्रकाशित लेख 'आत्मपरीचपा' में टैगोर लिखते हैं—'जब दो-तीन अलग-अलग धर्म दावा करते हैं कि केवल उनके अपने धर्म ही सत्य हैं और अन्य सभी धर्म झूठे हैं, मात्र उनके धर्म के पास ही स्वर्ग के रास्ते हैं, तो टकराव को टाला नहीं जा सकता। इस प्रकार कट्टरवाद अन्य सभी धर्मों को समाप्त करने का प्रयास करता है। इसे धर्म में बॉल्शेविज्म कहते हैं। केवल हिंदू धर्म द्वारा दिखाया गया मार्ग ही दुनिया को इस क्षुद्रता से मुक्त कर सकता है।'

एक अत्यंत महत्त्वपूर्ण कारण, जो हिंदू-मुसलिम एकता को एक सिद्ध तथ्य बनने से लगभग असंभव बना रहा है, वह यह है कि मुसलमान अपनी देशभक्ति को किसी एक देश तक सीमित नहीं रख सकते। मैंने स्पष्ट रूप से (मुसलमानों से) पूछा था कि क्या भारत पर किसी भी मुसलिम शक्ति के आक्रमण की स्थिति में वे (मुसलमान) अपने हिंदू पड़ोसियों के साथ कंधे-से-कंधा मिलाकर अपनी भूमि की रक्षा के लिए खड़े होंगे। मैं उनसे मिले जवाब से संतुष्ट नहीं था…यहाँ तक कि श्री मोहम्मद अली (खिलाफत

आंदोलन के नेता-संचालक और प्रसिद्ध अली बंधुओं में से एक) जैसे व्यक्ति ने भी घोषणा की है कि किसी भी परिस्थिति में कोई भी मुसलमान के लिए स्वीकार्य नहीं है, चाहे वह किसी भी देश का हो, वह किसी मुसलमान के खिलाफ खड़ा हो जाए।

'टाइम्स ऑफ इंडिया' में रवींद्रनाथ टैगोर का साक्षात्कार, 18.4.1924 को 'खिलाफत के बाद हिंदू-मुसलिम दंगों पर भारतीय दृष्टि के जरिए' स्तंभ से। देवेंद्र स्वैंप द्वारा संपादित 'पॉलिटिक्स ऑफ कन्वर्जन' (1986) में पृष्ठ 148 पर प्रकाशित ए. घोष के लेख 'मेकिंग ऑफ द मुसलिम साइक', तथा सीताराम गोयल की पुस्तक 'मुसलिम सेपेटिज्म—कॉजेज एंड कॉन्सिक्यून्सेस' (1987) में।

अकसर लोग पूछते हैं कि हमें अपना समय अतीत की पुस्तकें पढ़ने में क्यों बिताना चाहिए? मैंने उसी उद्धरण को दोहराने का प्रयास किया, जो एक घिसी-पिटी बात या उसी के जैसा बन गया है—जो गलतियों से नहीं सीखते हैं, वे उन्हें दोहराते हैं। हालाँकि समय बदल गया है, 1921 की स्थिति जैसे हालात बने हुए हैं। केरल के साथ-साथ अन्य जगहों पर मुसलिम समुदाय में बड़े पैमाने पर कट्टरवाद और लोगों के वर्गों द्वारा दिखाई गई अलगाववादी प्रवृत्तियाँ पुनर्विचार के महत्त्व को दोहराती हैं।

सर्वे भवन्तु सुखिनः।

—जे. नंदकुमार
संयोजक 'प्रज्ञा प्रवाह'

बसंत पंचमी, विक्रमी संवत् 2078
5 फरवरी, 2022

अनुक्रम

प्रकरण-1

कुट्टम गाँव के लोग

भारतवर्ष के सुरम्य तथा पवित्र प्रदेशों में मालाबार की गिनती की जाती है। हरे-भरे घने जंगल, विविध फूलों से लदे छोटे-छोटे पर्वत, पानी के सुरीले झरने, मीठी, शांत स्वभाव की नदियाँ, विपुल फसलों से डोलते खेत, ऊँची तथा छत्रों जैसी नारियल, सुपारी तथा ताड़ वृक्षों की पंक्तियाँ आदि यात्रियों के मन को नित्य लुभाते हैं।

ऐसे रम्य प्रदेश में, विविध फूलों तथा फलों से लदे इन छोटे-छोटे पर्वतों में से किसी एक पर्वत के माथे पर कुट्टम नाम की एक बाड़ी बस्ती थी। उसके नारियल, सुपारी के घने वन में नंबूदरी ब्राह्मणों के पाँच-छह घर थे। वहाँ से काफी दूरी पर नायरों के बीस-पच्चीस घर तथा उन्हींसे सटकर दूसरी 'स्पृश्य' जाति की छोटी सी बस्ती थी। इस बस्ती से आधा मील दूर दस-बारह थिय्या जाति की झोंपड़ियाँ थीं जो प्रमुख बाड़ी से आधा मील दूर होने पर भी उसकी सीमा में ही मानी जाती थीं। बाड़ी का हिस्सा होते हुए भी उनके इतनी दूर बसने का कारण यह था कि थिय्या जाति के ये लोग वहाँ के अस्पृश्यों में गिने जाते हैं।

नंबूदरी ब्राह्मणों के घरों में उनके बच्चे प्रतिदिन सुबह उठकर जब वेद-पाठ करते तब उस सुरीले घोष को सुनकर पशु-पक्षी भी आनंद से डोलते थे। वहाँ का ब्रह्मवृंद इतनी उत्कृष्टता से वेदों की रक्षा कर रहा है कि स्नान-संध्यायुक्त, शुद्ध तथा सफेद यज्ञोपवीत धारण किए हुए ब्राह्मण एक बार आसन जमाकर बैठ गए तो अस्खलित, स्वरशुद्ध तथा वर्णस्थानयुक्त वाणी से

चारों वेदों का भ्रमरहित पाठ करते हुए दिखाई देते हैं।

लेकिन वेद-पठन करने का अधिकार शूद्रों को नहीं है, इस धारणा के कारण ब्राह्मणों की बस्ती, गाँव की सीमा के अंतर्गत होने पर भी इतनी दूर होती है कि वहाँ से जोर से वेद-पठन करने पर भी वह दूसरी जाति के लोगों को स्पष्टता से सुनाई न दे। उनसे थोड़ी दूरी पर नायर लोगों की बस्ती होती है। वे अपने को क्षत्रिय समझते हैं और उनकी कन्याओं से ब्राह्मणों के कनिष्ठ पुत्र संबद्ध हो सकते हैं। ब्राह्मण का ज्येष्ठ पुत्र ब्राह्मण कन्या से ही विवाह करता है, ताकि नायरों के साथ अनुलोम पद्धति से संबंध रखकर उस जाति से खून तथा बीज की एकता स्थापित करने के साथ-साथ, उच्च माना गया बीज, खून और जाति भी निर्मल शुद्धता से अपना अस्तित्व बनाए रखे। नायर लोग भी थिय्या, नवाड़ी, यलाबन, कलियन और मसकून जातियों को अस्पृश्य मानकर उनके दर्शन में भी छुआछूत मानते हैं। इसलिए इन जातियों के घर हर गाँव की मुख्य बस्ती से कम-से-कम मील-आधा मील की दूरी पर होते हैं।

इन सामाजिक रूढ़ियों से तितर-बितर आम हिंदू समाज ही की तरह कुट्टम गाँव की यह बस्ती भी पूरी तरह तितर-बितर हो गई थी।

वह प्रातःकाल की वेला थी। सुदूर नारियल-सुपारी के सुंदर वन में वेदशास्त्र निरत ब्राह्मण वेद-पाठन कर रहे थे। बीच-बीच में होम-हवनों का सुगंधित धुआँ नारियल के पेड़ों पर अटककर ऐसा लटका रहता था, जैसे कालिदास के यक्ष का संदेश सुनने के लिए ठहरा हुआ दयालु तथा स्निग्ध मेघ ही हो।

वह प्रातःकाल की वेला थी। सुदूर नारियल-सुपारी के सुंदर वन में वेदशास्त्र निरत ब्राह्मण वेद-पाठन कर रहे थे। बीच-बीच में होम-हवनों का सुगंधित धुआँ नारियल के पेड़ों पर अटककर ऐसा लटका रहता था, जैसे कालिदास के यक्ष का संदेश सुनने के लिए ठहरा हुआ दयालु तथा स्निग्ध मेघ ही हो। मध्य बस्ती में नायर तथा दूसरी जातियों के परिवार अभी-अभी

अपने कामों में लगे थे, नायरों की स्त्रियाँ भी स्वच्छंद रीति से उस तालाब के मार्ग पर आया-जाया करती थीं अथवा बीच ही में थोड़ी देर रुककर बातें करतीं अथवा मीठी हँसी हँसती खड़ी हो जातीं।

उसी समय उस बाड़ी से दूर उन थिय्यों की बस्ती में किसी पेड़ के तले चबूतरे पर एक मौलवी दो मियाँओं से बातें कर रहा था।

यह मौलवी अपनी लंबी दाढ़ी पर तीन-तीन बार हाथ फिराकर सभी लोगों से कहता था कि साक्षात् मोहम्मद पैगंबर के चाचा की मौसी के दामाद की जो बहन थी, उसकी पड़ोसन की भतीजी का बेटा उसका पूर्वज था और इस तरह से उसे एक असली अरब घराने ने अलंकृत किया था। उन थिय्याओं में से जो करीब तीस साल का आदमी था उसे उस मौलवी ने कहा, "कंबू! सुनो, दिव्य पुस्तक आगे क्या कहती है! सुरतुल फुर्कान अध्याय में ईश्वर ने साफ कहा है कि यह कुरान आकाश तथा धरती पर की सभी बातों को जानता है, इसे उसने प्रकट किया है! लेकिन जो इसे तथा कयामत की घड़ी को झूठ समझते हैं, उनके लिए हमने भयानक नरकाग्नि तैयार कर रखी है!" यह सुनकर शांत रीति से कंबू ने कहा, "मौलवी, यह वचन आपने मुझे अनेक बार सुनया है। परंतु मैं जो कहता हूँ उस शंका का निवारण आप क्यों नहीं करते? सभी लोग एक बार मर गए कि वे कब्र में जहाँ-के-तहाँ पड़े रहेंगे और जब कभी युग के अंत में दुनिया समाप्त होगी तब ईश्वर उन सबको तूतियाँ फूँककर जगाएगा और उनका न्याय करेगा। इसे ही आप कयामत के दिन का पुनरुत्थान कहते हैं न?"

कंबू! सुनो, दिव्य पुस्तक आगे क्या कहती है! सुरतुल फुर्कान अध्याय में ईश्वर ने साफ कहा है कि यह कुरान आकाश तथा धरती पर की सभी बातों को जानता है, इसे उसने प्रकट किया है! लेकिन जो इसे तथा कयामत की घड़ी को झूठ समझते हैं, उनके लिए हमने भयानक नरकाग्नि तैयार कर रखी है!

"हाँ।"

"अच्छा तो फिर यह बताओ कि किसी मनुष्य को किसी काम से जाँच-पड़ताल करने के लिए पुलिसवालों ने किसी कमरे में बंदी बनाकर रखा और यदि उसकी जाँच दस साल तक भी न करते हुए उसे वैसे ही वहाँ सड़ते रहने दिया तो हम उस पुलिसवाले को इस तरह की कैद के लिए दोष ही देंगे न?"

"हाँ।"

"तो फिर ऐसी कच्ची कैद देनेवाला पुलिसवाला तथा उसके अधिकारी अमानुष हैं, ऐसा ही कहेंगे न?"

"हाँ।"

"न्याय न करते हुए केवल पूछताछ के लिए किसी मनुष्य को दस साल तक कैद में सड़ाए रखना यदि हम अमानुषिक क्रूरता समझते हैं तो फिर अन्यायी अथवा न्यायी किसी भी मनुष्य को अंतिम जाँच के लिए दुनिया के अंत तक कब्र जैसे भयानक कमरे में सड़ाए रखना ईश्वर की अमानुषिकता यदि न भी हो, तो भी दयालुता के विरोध में तो है ही न? और ऐसी बातों पर यदि किसीका विश्वास न हो तो क्या उसे नरकाग्नि में फेंक दिया जाए? न! न! ईश्वर महान् दयालु, कृपालु है। वह न्यायी भी है। आप जो सिखाते हैं, उस ईश्वर की कल्पना में न्याय भी नहीं तथा दया-ममता का तो नाम भी नहीं!

न्याय न करते हुए केवल पूछताछ के लिए किसी मनुष्य को दस साल तक कैद में सड़ाए रखना यदि हम अमानुषिक क्रूरता समझते हैं तो फिर अन्यायी अथवा न्यायी किसी भी मनुष्य को अंतिम जाँच के लिए दुनिया के अंत तक कब्र जैसे भयानक कमरे में सड़ाए रखना ईश्वर की अमानुषिकता यदि न भी हो, तो भी दयालुता के विरोध में तो है ही न?

"और…" कंबू ने आगे कहा, "फिर भी हमें ही भयानक नरकाग्नि की सजा मिलेगी। यह क्या ईश्वर की महानता को शोभा देता है? पहले तो वह सर्वशक्तिमान होने के कारण हमारे कान और हृदय बंद कर उसपर अज्ञान

की मोहर लगा देगा। फिर हमारे पास (आपके कहने के अनुसार) सत्य वचन सुनाने आप जैसे मौलवी भेजेगा और उन्हींकी आज्ञा से हम समझ नहीं पाएँ तो उलटा हमें ही सजा देगा। यदि पहले किसीने हमारा हाथ पकड़कर जबरदस्ती दूसरों की चीज उठवाई और फिर चोरी कहकर हमें सजा दी तो उसका वह कृत्य जितना अन्यायपूर्ण होगा, उतनी ही आपकी बताई ईश्वरीय न्याय की कल्पना भी अन्याय तथा अधर्मकारी होगी।''

''तौबा! तौबा!'' मौलवी ने कहा, ''लेकिन यह ईश्वर द्वारा प्रकट की हुई पुस्तक में लिखा है!''

कंबू ने कहा, ''यदि आपको ऐसा लगता है तो आप खुशी से उसपर विश्वास रखिए। मुझे अपने हिंदू संतों के उपदेश में ही अधिक आनंद मिलता है। मुझे लगता है कि केवल पुनरुत्थान पर विश्वास था या नहीं, इसी बात पर मनुष्य की भक्ति तथा साधुत्व की परीक्षा ईश्वर नहीं करेगा बल्कि 'तूने सत्कृत्य किए या दुष्कृत्य किए' इस प्रश्न से ही वह उसकी परीक्षा करेगा। पुनरुत्थान की कल्पना का नाम भी जिन्हें मालूम नहीं था लेकिन जिन्होंने दुनिया में प्राणियों पर दया की, जिन्होंने सत्य, समत्व, परहित-तत्परता में ही जीवन बिताया, उनसे ईश्वर हमेशा संतुष्ट ही रहेगा। हम हिंदुओं में अनेक ऐसे साधु हुए जिन्होंने मुसलमानी कुरान का पन्ना भी न पलटा और केवल अपने पवित्र आचरण से और भक्ति से मुक्त हुए!''

यदि आपको ऐसा लगता है तो आप खुशी से उसपर विश्वास रखिए। मुझे अपने हिंदू संतों के उपदेश में ही अधिक आनंद मिलता है। मुझे लगता है कि केवल पुनरुत्थान पर विश्वास था या नहीं, इसी बात पर मनुष्य की भक्ति तथा साधुत्व की परीक्षा ईश्वर नहीं करेगा बल्कि 'तूने सत्कृत्य किए या दुष्कृत्य किए' इस प्रश्न से ही वह उसकी परीक्षा करेगा।

''मुक्त हुए!'' मौलवी हँस पड़ा, ''मूर्ख, वे सभी नरकाग्नि में जा पड़े। ईश्वर और पैगंबर पर जो विश्वास करता है, केवल वही मुक्त होता है।''

"क्या कहा? यदि हम हिंदुओं ने परमेश्वर पर विश्वास रखा और उसकी भक्ति हमने मनोभाव से की, परंतु आपके कहने के अनुसार मोहम्मद पैगंबर पर विश्वास नहीं रख पाए अथवा पुनरुत्थान की बात नहीं मान सके, तो क्या हमें मुक्ति ही नहीं?"

"अलबत्ता—अर्थात् नहीं।"

"तो फिर ईश्वर की भक्ति जितनी ही पैगंबर की भक्ति महत्त्वपूर्ण कहलानी चाहिए! और पैगंबर के पूर्व मनुष्य जाति की लाखों पीढ़ियाँ, कम-से-कम उसके बाद की आधी दुनिया की सभी पीढ़ियाँ नरक में ही गईं? हमारी हिंदू जाति के साधु-संत भी नरक में ही पड़े?'

"हाँ, हाँ, ईश्वर की पुस्तक में यह स्पष्ट ही है।"

"तो फिर!" कंबू ने उठते हुए कहा, "मौलवीजी, जिस नरक में ऐसे साधु-संत रहते हैं, जिसमें मेरे पुरखों की पीढ़ियाँ निवास करती हैं, वही मेरा स्वर्ग है! मैं हिंदू ही रहूँगा। उन्हें छोड़कर मैं स्वर्ग में नहीं जाना चाहता। धर्मराज की यह कथा मेरी दादी मुझे अब भी सिखाती है कि स्वर्ग के दरवाजे खुले होते हुए भी वह अपने पाँचों भाइयों को छोड़कर स्वर्ग में जाने के बदले अपने जाति-बंधुओं के साथ नरक ही में रहकर अपने धर्मबल से उनको छुटकारा देने के लिए प्रयत्नशील रहा। मैं उसी धर्मराज के भक्तों में से एक अत्यंत कनिष्ठ भक्त हूँ। मैं उस धर्मराज के तथा श्रीकृष्ण के हिंदू धर्म में ही रहूँगा।" इतने में 'कंबू कंबू! अरे जल्दी करो! बच्चा मर गया, खत्म हो गया।' ऐसी जोर की आवाज महारबाड़े में गूँजी। (थिय्यों की बस्ती में अछूतों की बस्ती के लिए

"तो फिर ईश्वर की भक्ति जितनी ही पैगंबर की भक्ति महत्त्वपूर्ण कहलानी चाहिए! और पैगंबर के पूर्व मनुष्य जाति की लाखों पीढ़ियाँ, कम-से-कम उसके बाद की आधी दुनिया की सभी पीढ़ियाँ नरक में ही गईं? हमारी हिंदू जाति के साधु-संत भी नरक में ही पड़े?' "हाँ, हाँ, ईश्वर की पुस्तक में यह स्पष्ट ही है।"

मराठी प्रतिशब्द के रूप में हमने महारबाड़ा कहा है।)

वह आवाज सुनकर कंबू और उसके चारों ओर इकट्ठे हुए सभी थिय्ये लोगों ने भागते हुए अपने महारबाड़े के पास जाकर देखा तो कंबू का एक बेटा बरगद के पेड़ पर चढ़ते समय नीचे गिरा था और उसके सिर में गहरी चोट लगी थी। खून से उसका बदन और कपड़े भीग गए थे और वह बेहोश हो गया था। थिय्या लोगों को कुछ इलाज मालूम थे जो उन्होंने किए परंतु लड़का होश में नहीं आया, न ही उसका खून बहना बंद हुआ। तब एक थिय्या ने कहा, ''अब कोई कृष्णा नायर के पास जल्दी से जाए और उसे साथ ले आए वरना लड़का नहीं बचेगा।'' यह सुनते ही कंबू और उसके साथ का अठारह वर्षीय लड़का दामू तीर की तरह भागे। मौलवी उस चबूतरे से ही उन्हें देखता हुआ उनके आगे आकर तालाब के पास खड़ा था। वे दोनों, कंबू और दामू विकल हृदय से हाँफते हुए दौड़े। उस तालाब से कोई सौ-डेढ़ सौ फीट की दूरी पर उनके आते ही 'थिय्या! थिय्या! इर! इर!' कहते हुए कई लोगों ने शोर मचाया।

वह आवाज सुनकर कंबू और उसके चारों ओर इकट्ठे हुए सभी थिय्ये लोगों ने भागते हुए अपने महारबाड़े के पास जाकर देखा तो कंबू का एक बेटा बरगद के पेड़ पर चढ़ते समय नीचे गिरा था और उसके सिर में गहरी चोट लगी थी। खून से उसका बदन और कपड़े भीग गए थे और वह बेहोश हो गया था। थिय्या लोगों को कुछ इलाज मालूम थे जो उन्होंने किए परंतु लड़का होश में नहीं आया, न ही उसका खून बहना बंद हुआ।

मालाबार की स्पृश्य जातियाँ अछूतों को तालाब के सौ-डेढ़ सौ फीट के अंदर आने नहीं देतीं। तालाब से सौ फीट की दूरी पर से गुजरनेवाले मार्ग पर यदि किसी अस्पृश्य ने पैर रखा तो वह पूरा तालाब भ्रष्ट हो गया, ऐसा स्पृश्य लोग मानते हैं। उन दो थिय्यों को इतनी तेजी से भागते आ रहे देखकर तालाब पर जो खलबली मची, उसे देखकर मौलवी मन-ही-मन खुश हुआ

और वैसे ही खड़ा रहकर वह सबकुछ देखने लगा।

"महाराज!" दूर से ही उन थिय्यों ने जोर से कहा, "हमारा एक लड़का गहरी चोट से मर रहा है। कृष्णा नायर वैद्य के घर से दवाई लाने हम जा रहे हैं। दूसरा रास्ता दो-तीन मील फासले का है, इसलिए हम यहाँ से गुजर रहे हैं। दया कीजिए और हमें जाने दीजिए।"

"चांडाल! मरने दे उसे!" एक नायर हाथ उठाकर भागता हुआ आया, "देखता नहीं यह तेरा रास्ता सौ फीट से दूर नहीं! चाहे तो नापकर देख ले।"

"महाराज! तालाब से यह मार्ग जितना पास है, मेरा बेटा मृत्यु के उससे भी अधिक पास है। इसलिए कृपा कीजिए और मुझे दवाई लाने जाने दीजिए।"

"चांडाल! मरने दे उसे!" एक नायर हाथ उठाकर भागता हुआ आया, "देखता नहीं यह तेरा रास्ता सौ फीट से दूर नहीं! चाहे तो नापकर देख ले।"
"महाराज! तालाब से यह मार्ग जितना पास है, मेरा बेटा मृत्यु के उससे भी अधिक पास है। इसलिए कृपा कीजिए और मुझे दवाई लाने जाने दीजिए।"

"क्या तेरे लड़के के लिए हम अपना तालाब भ्रष्ट होने दें?" चोरी के अपराध के लिए जिसे दो बार जेल जाना पड़ा था उस राम नायर ने कहा, "नहीं! पापयोनि में तेरा जन्म हुआ इसलिए तेरा तो दर्शन भी नहीं करना चाहिए। कलियुग है, इसलिए हम यह सह लेते हैं।"

"महाराज, जो मरजी कहिए लेकिन मेरे इकलौते बेटे पर दया करके मुझे जाने दीजिए। चाहें तो मैं चेहरे को कपड़े से ढककर निकल जाऊँगा।"

"चुप!" कालिकट में पाँच वर्षों तक शराब की दुकान चलानेवाला मुकंद चिल्लाकर दौड़ा, "मैं नहा रहा हूँ, देखता नहीं? तू हमारा कहना न मानते हुए ढिठाई से आगे बढ़ रहा है, और कितने जोर से चिल्ला रहा है। तेरे शब्द कानों पर पड़ने के कारण मुझे अब फिर से स्नान करना पड़ेगा। पशु कहीं का।"

अब तक वे दो थिय्या जो पहले सौ–सवा सौ फीट की दूरी पर रुके थे, धीरे–धीरे उस तालाब के कोने से जानेवाले मार्ग तक आ पहुँचे थे। अपने बेटे के सिर से बहनेवाला खून बाप की आँखों के सामने बार–बार दिखाई दे रहा था और एक–एक क्षण मृत्यु के पास जानेवाला एक–एक पग लग रहा था। तालाब के बिल्कुल पास तीस फीट की दूरी पर रास्ते का जो मोड़ था, वहाँ जब वे अछूत पहुँचे तब उस तालाब पर उपस्थित स्पृश्यों को गुस्सा चढ़ गया और दो नायर, एक–दो ब्राह्मण और कुछ सुतार उनपर पत्थर फेंकते हुए दौड़े। इतने में एक ब्राह्मण, जो शांत रीति से पुरुष सूक्त बोल रहा था, आगे बढ़ा और उसने उन्हें पुकारकर कहा, ''हाँ! हाँ! यह निरर्थक झगड़ा आपको शोभा नहीं देता। यह देखो कंबू, मैं तुम्हारे उस वैद्य के पास जाकर तुम्हें वह दवाई ला देता हूँ—यद्यपि मैं तुम्हारे बच्चे का संबंधी नहीं, तो भी मैं तुमसे अधिक जल्दी और चिंता करते हुए तुम्हारी दवा लाऊँगा। तुम यहीं खड़े रहना जिससे किसीकी भी भावना को हानि न पहुँचते हुए तुम्हारा भी कार्य हो जाए।'' वह ब्राह्मण इतना कह ही रहा था कि वह मौलवी आगे बढ़ा और उसने कहा, ''माफ करना! मैं बड़ी खुशी से कंबू की दवाई ले आता हूँ। आप अपनी संध्या पूरी कीजिए। मेरे इस मार्ग से तालाब के पास से गुजरने में आपको कोई एतराज तो नहीं?'' तब शराब के ठेके की दुकान चलानेवाले मुकुंद ने कहा, ''लेकिन आपकी जाति कौन सी है? थिय्या लोग अछूत होते हैं और वे बिल्कुल गंदे धंधे करते हैं।'' मौलवी ने कहा, ''मैं थिय्या हिंदू नहीं बल्कि मुसलमान हूँ!'' ''तो फिर खान साहब! आपको कौन रोकेगा! आप इस मार्ग से जब मरजी आइए–जाइए। ये थिय्या

अब तक वे दो थिय्या जो पहले सौ-सवा सौ फीट की दूरी पर रुके थे, धीरे-धीरे उस तालाब के कोने से जानेवाले मार्ग तक आ पहुँचे थे। अपने बेटे के सिर से बहनेवाला खून बाप की आँखों के सामने बार-बार दिखाई दे रहा था और एक-एक क्षण मृत्यु के पास जानेवाला एक-एक पग लग रहा था।

लोग पापयोनि होते हैं, इसलिए इन्हें तालाब से सौ फीट की दूरी के अंदर आने देने से तालाब भ्रष्ट होगा।'' चोरी करके दो बार जेल हो आए क्षत्रिय कुलभूषण राम नायर ने कहा।

मौलवी इधर ये बातें कर रहा था कि इतने में वह पुरुष सूक्त बोलनेवाला ब्राह्मण वैसे ही गीले कपड़ों को पहने भागता चला गया था। तब कंबू के बेटे की दवाई लाने राह देखते खड़े उन दोनों थिय्याओं के पास, जो कुछ दूरी पर खड़े थे, जाकर मौलवी ने कहा, ''हाय! हाय! कैसी तो इन काफिरों की निर्दयता! कंबू, मुझे माफ करना, लेकिन मैं तुम्हारे हित के लिए कह रहा हूँ कि इसलाम के विरुद्ध तूने तब जो अपशब्द कहे, उन्हीं का तुझे यह परिणाम मिला। इसलाम से तेरे पीठ फेरते ही तेरे बच्चे को अल्लाह ने क्रोध से पेड़ से ढकेल दिया। और जिन्हें तू अपने धर्म के समझता है उन काफिरों के, ब्राह्मणों के, क्षत्रियों के, वैश्यों के और शूद्रों के हृदयों पर अल्लाह ने मोहर लगा दी। मैं मुसलमान हूँ, मैं उस तालाब पर जा सकता हूँ। तू हिंदू है लेकिन है अछूत! तू नहीं जा सकता! तू मुसलमान बन जा, फिर देखना कि परसों मैं तुझे इसी तालाब के पास से ले जाता हूँ या नहीं! अरे, तालाब का पानी ग्रहण करना तो क्या, तू मुसलमान बन जा—जल्द ही मुसलमान लोग इन काफिरों की स्त्रियों का पाणिग्रहण करनेवाले हैं, समझा! चल अब तू मुसलमान होने का संकल्प कर ले। 'किया' कह दे। कह दे कि 'मैं कुरान का मंत्र बोलूँगा' जिससे तेरा वो बच्चा तत्काल ठीक हो जाएगा और इन निर्दयी ब्राह्मणों का और स्पृश्यों

हाय! हाय! कैसी तो इन काफिरों की निर्दयता! कंबू, मुझे माफ करना, लेकिन मैं तुम्हारे हित के लिए कह रहा हूँ कि इसलाम के विरुद्ध तूने तब जो अपशब्द कहे, उन्हीं का तुझे यह परिणाम मिला। इसलाम से तेरे पीठ फेरते ही तेरे बच्चे को अल्लाह ने क्रोध से पेड़ से ढकेल दिया। और जिन्हें तू अपने धर्म के समझता है उन काफिरों के, ब्राह्मणों के, क्षत्रियों के, वैश्यों के और शूद्रों के हृदयों पर अल्लाह ने मोहर लगा दी।

का बदला भी लिया जाएगा।'' उसका भाषण सुनना, अपनी ही चिंता में मग्न उस थिय्या को बिल्कुल असह्य हो गया। उसने क्रोध से कहा, ''बच्चा ठीक नहीं हुआ—वह मर भी गया तो भी मैं मुसलमान नहीं बनूँगा। ब्राह्मण आदि हिंदुओं की इस निर्दयता का बदला कैसे लेना है यह मेरा प्रश्न है, आपका नहीं। और जो सदय मनुष्य प्रार्थना करते-करते गीले कपड़ों से ही मेरे लिए वैद्य के पास भागते हुए गया, वह भी ब्राह्मण ही है!'' अब निराशा और क्रोध से लाल होकर मौलवी ने कहा, ''चांडाल! काफिर! 'सुरतुल बय्यन' अध्याय में अल्लाह द्वारा मूर्तिपूजकों को फरमाई भयानक नरकाग्नि की सजा तुझपर गिरे। जैसे तू कहता है उसी तरह तेरा बच्चा मर जाए। नहीं, नहीं, तुम काफिरों को यह खुदा का कहना, यह कुरान तब तक सच्चा नहीं लगेगा जब तक तुम्हारी गरदन पर तलवार नहीं गिरती। ठहरो, वह दिन भी दूर नहीं है।'' मुट्ठियाँ कसकर उन्हें तानते हुए वह मौलवी शाप देकर चला गया।

इतने में दवाई लाने गया वह ब्राह्मण भी दवाई लेकर वापस आया। उसके साथ वह नायर वैद्य भी आया था। कंबू थिय्या अछूत जाति में जन्मा था, फिर भी वह अच्छा पढ़ा-लिखा था और कालिकट में एक मलयालम भाषा की साप्ताहिक पत्रिका चलाता था। उसने मलयालम भाषा तथा अंग्रेजी ग्रंथों से हिंदू धर्म का काफी अध्ययन किया था। इतना ही नहीं, वह संस्कृत भी अस्खलित रीति से पढ़ सकता था और बहुत-कुछ समझ भी सकता था। भगवद्गीता उसे मुखोद्गत थी। मालाबार में आज संस्कृत भाषा मातृभाषा की तरह बोलनेवाले ब्राह्मण परिवार तो हैं ही, लेकिन चुनिंदे सौ-सवा सौ संस्कृत

इतने में दवाई लाने गया वह ब्राह्मण भी दवाई लेकर वापस आया। उसके साथ वह नायर वैद्य भी आया था। कंबू थिय्या अछूत जाति में जन्मा था, फिर भी वह अच्छा पढ़ा-लिखा था और कालिकट में एक मलयालम भाषा की साप्ताहिक पत्रिका चलाता था। उसने मलयालम भाषा तथा अंग्रेजी ग्रंथों से हिंदू धर्म का काफी अध्ययन किया था।

श्लोक मुखोद्‌गत करनेवाले थिय्या आदि अछूत लोग भी पाए जाते हैं। इतना ही नहीं, बल्कि संस्कृत श्लोक वहाँ जन-साधारण को इतने परिचित हैं कि भर्तृहरि के नीतिशतक के चुनिंदा श्लोक अनपढ़ मुसलमानों के मुँह से भी लेखक ने सुने हैं। कंबू थिय्या की अस्पृश्यता को छोड़कर बाकी विषयों में स्पृश्य लोग भी उसकी विद्वत्ता के कारण उसे मानते थे। कृष्णा नायर वैद्य तो उसे बहुत मानता था। तब उसके साथ—अर्थात् लगभग पचास फीट की दूरी रखकर वह महारबाड़े (अछूत बस्ती) में गया और उस बच्चे का यथोचित इलाज कर वापस लौटा। बच्चे के कुछ ठीक हो जाने पर कंबू के साथ जो थिय्या युवक उस मौलवी का भाषण सुन रहा था, उसने कंबू से कहा, "बड़े भैया! मुझे माफ करना। वह मौलवी जिस प्रकार कहता है उस प्रकार, कुरान ईश्वर की ही प्रकट की हुई पुस्तक होगी, ऐसा मुझे लगता है।" कंबू ने हँसकर कहा, "वह कैसे?" युवक ने कहा, "क्योंकि, वह मौलवी वही बात जोर-जोर से बार-बार कह रहा था।"

बच्चे के कुछ ठीक हो जाने पर कंबू के साथ जो थिय्या युवक उस मौलवी का भाषण सुन रहा था, उसने कंबू से कहा, "बड़े भैया! मुझे माफ करना। वह मौलवी जिस प्रकार कहता है उस प्रकार, कुरान ईश्वर की ही प्रकट की हुई पुस्तक होगी, ऐसा मुझे लगता है।" कंबू ने हँसकर कहा, "वह कैसे?" युवक ने कहा, "क्योंकि, वह मौलवी वही बात जोर-जोर से बार-बार कह रहा था।"

"तो फिर कोई भी बात केवल किसीने बार-बार जोर से कही तो क्या सच हो सकती है? दो और तीन मिलकर सात हो जाते हैं और यह ज्ञान मुझपर ईश्वर ने प्रकट किया है, यदि मैं ऐसा सौ बार जोर से कहूँ तो क्या तू मानेगा?"

"नहीं, नहीं। यह मेरे साक्षात् ज्ञान और अनुभव के विरुद्ध होगा। यह बुद्धि को जँचता ही नहीं।"

"तो फिर दामू, कुरान ईश्वर-प्रणीत है, बल्कि वही एक ईश्वर-प्रणीत

पुस्तक है, यह बात बुद्धि को जँचेगी, ऐसा कुछ सबूत तू बता दे और सुन, जिन्हें कुरान ईश्वर-प्रणीत लगता है वे खुशी से वैसा मान सकते हैं। लेकिन हमें अगर उसके सिद्धांत समाज-नाशक, निष्ठुर अथवा अविश्वसनीय लगें तो उन्हें तलवार की नोंक से नरकाग्नि की ज्वला में तपाकर हमारे हृदय पर दाग देते हुए जबरन कुरेदने का यत्न क्यों किया जाए?''

''बड़े भैया, आप जैसे अस्पृश्यों पर हिंदू धर्म जो इतना अन्याय करता है कि उसे उनके धर्म का उपमर्दन करनेवाला और काफिर (धर्मभ्रष्ट) समझनेवाला मुसलमान भी हमसे अधिक पवित्र लगता है, गाय की हत्या करनेवाला और भगवान् की मूर्ति को पत्थर माननेवाला मुसलमान उनके तालाब पर जा सकता है, लेकिन राम-कृष्ण की पूजा करनेवाले हम, उन्हीं के बांधव, पापयोनि ठहराए गए जो उन्हें स्पर्श नहीं कर सकते—जिस हिंदू धर्म में यह भयानक अन्याय पुण्य माना जाता है, उस हिंदू धर्म की अपेक्षा क्या मुसलमान धर्म श्रेष्ठ नहीं, जो अस्पृश्य जाति बिल्कुल नहीं मानता और सभी मनुष्यों को समान समझता है?''

बड़े भैया, आप जैसे अस्पृश्यों पर हिंदू धर्म जो इतना अन्याय करता है कि उसे उनके धर्म का उपमर्दन करनेवाला और काफिर (धर्मभ्रष्ट) समझनेवाला मुसलमान भी हमसे अधिक पवित्र लगता है, गाय की हत्या करनेवाला और भगवान् की मूर्ति को पत्थर माननेवाला मुसलमान उनके तालाब पर जा सकता है...

''अरे पगले,'' स्नेह भरी क्षमाशीलता से उस युवक की पीठ पर हाथ रखते हुए कंबू ने कहा, ''देखो, शब्दों में अंतर से विचारों में कितनी गड़बड़ी हो जाती है। तूने कहा कि हिंदू धर्म अन्याय करता है—लेकिन यह तू कैसे कह सकता है कि हम अस्पृश्यों पर कुछ देर पहले जो निर्दय अत्याचार किया गया, वह हिंदू धर्म ने किया? वह अत्याचार हिंदू समाज कर रहा है, ऐसा कहना और फिर वह भी सोच-विचार के उपरांत कुछ गलत लगता है, क्योंकि हम अस्पृश्य भी हिंदू समाज ही के अंतर्गत हैं। इसलिए

यह कहना उचित होगा कि हिंदू समाज के कुछ लोग—जो स्पृश्य समझे जाते हैं—अस्पृश्य समझे जानेवाले हम लोगों पर कुछ अत्याचार करते हैं। एक बात ध्यान में रखना कि हिंदू समाज में अस्पृश्यता का पातक केवल ब्राह्मण, क्षत्रिय, वैश्य, शूद्र ही नहीं करते बल्कि उस पातक के भागधारक हम थिय्या भी हैं। कुछ देर पहले जब नायर ने हमें 'हमें मत छूना' कहा तब हम अस्पृश्यों को जितना गुस्सा आया, जो सही भी था—उतना ही गुस्सा माँगा के उस लड़के को भी आता होगा जब अस्पृश्य थिय्ये अपनी पाँति को या समाज को छुआछूत होगी, ऐसा सोचकर उसे भगा देते होंगे। इसलिए इस पाप का प्रक्षालन हम सब हिंदुओं को मिलकर करना चाहिए। पर उस पाप-प्रक्षालन का मार्ग मुसलमान होने में है, यह बात तुझे जँची कैसे? एक बार नहीं, हजार बार केवल छुआछूत के प्रश्न तक हिंदुओं की अस्पृश्यता हम मान सकते हैं। परंतु वह भयानक अस्पृश्यता नहीं मान सकते, जिसे मुसलमान परमेश्वर की आज्ञा मानते हैं; क्योंकि बीस करोड़ मुसलमानों को छोड़कर बाकी जो सैकड़ों करोड़ लोग पृथ्वी पर हैं वे मुसलमानों की दृष्टि से अस्पृश्य ही हैं न? उनका कोई तारण नहीं, उन्हें मुक्ति नहीं, उनके हजारों पूर्वज, साधु, संत सभी नरक में गए, और जाएँगे! कुरान के वाक्य कहते हैं कि पैगंबर की पुस्तक पर विश्वास न रखनेवाले नास्तिक को ईश्वर भी स्पर्श नहीं करेगा। इसका अर्थ है कि उनकी दृष्टि से कुरान भी स्पृश्यास्पृश्य विचार मानता है। हम जैसे हिंदू अस्पृश्यों को कम-से-कम पुण्याचरण से पुनर्जन्म में स्पृश्य होने की आशा है, परंतु मुसलमानों की दृष्टि से जो अस्पृश्य हैं और जिनकी संख्या सैकड़ों करोड़ है, उनके लिए पुनर्जन्म ही नहीं। वे नरक में ही सड़ेंगे, उनकी ओर ईश्वर भी नहीं देखेगा,

कुछ देर पहले जब नायर ने हमें 'हमें मत छूना' कहा तब हम अस्पृश्यों को जितना गुस्सा आया, जो सही भी था—उतना ही गुस्सा माँगा के उस लड़के को भी आता होगा जब अस्पृश्य थिय्ये अपनी पाँति को या समाज को छुआछूत होगी, ऐसा सोचकर उसे भगा देते होंगे।

केवल मुसलमान स्वर्ग में जाएँगे, बाकी सारी दुनिया तेरे रामचंद्र, श्रीकृष्ण, पांडुरंग, भक्त पुंडरीक आदि के साथ नरक में रहेगी! अस्पृश्यता बुरी होती है। परंतु इस भयानक मुसलमानी अस्पृश्यता के सामने हिंदू अस्पृश्यता क्या एक वरदान नहीं? और ऐसे देख कि अस्पृश्यता बुरी होती है, इसलिए हम सब हिंदू मिलकर उस रूढ़ि को काट देंगे। उसके लिए हिंदू धर्म ही का त्याग करने की कल्पना हम क्यों करें? अस्पृश्यता ही समूचा हिंदू धर्म नहीं। घर में किसी चूहे का या साँप का बिल हो, तो हम उसे बंद कर सकते हैं। परंतु उस एक बिल के लिए हमारे थिय्या जाति के अनेक पूर्वजों के पूर्वजों को पवित्र और प्रिय रहनेवाले इस हिंदू धर्म के मंदिर को ही छोड़कर दर-दर भटकते फिरने का कोई कारण नहीं।''

थिय्या लोग औरों की दृष्टि में यदि अंत्यज हैं तो भी उन्हें अपनी जाति का, रीति-रिवाजों का तथा धर्म का बड़ा अभिमान होता है। पूर्वजों को कोई निंद्य कहे, यह बात उनसे सही नहीं जाती। उनके इस प्रकार पूर्वजाभिमान तथा जाति प्रेम से ही वे अभी तक ईसाइयों या मुसलमानों के जाल में पूरी तरह अटक नहीं गए। उनमें अनेक साधु-संत पहले हो चुके हैं। आज भी कई बैरिस्टर, वकील, डॉक्टर तथा पत्रकार उनमें बन रहे हैं। लेकिन उनमें से अनेक उतावले युवकों को हमारे हिंदू-समाज की अस्पृश्यता जैसी अन्यायी, घातक रूढ़ियाँ ही हमारे धर्म से जबरन पर-धर्म में ढकेल रही हैं। थिय्या जाति से पर-धर्म में जानेवाले युवकों को कुमार्ग से वापस लाने के लिए उनके जिन नेताओं के प्रयत्न चल रहे थे उनमें कंबू अग्रगण्य था। ऐसे हिंदू धर्माभिमानी अस्पृश्य बंधु की स्पृश्य लोगों द्वारा तालाब पर इतना अपमान होने

थिय्या लोग औरों की दृष्टि में यदि अंत्यज हैं तो भी उन्हें अपनी जाति का, रीति-रिवाजों का तथा धर्म का बड़ा अभिमान होता है। पूर्वजों को कोई निंद्य कहे, यह बात उनसे सही नहीं जाती। उनके इस प्रकार पूर्वजाभिमान तथा जाति प्रेम से ही वे अभी तक ईसाइयों या मुसलमानों के जाल में पूरी तरह अटक नहीं गए।

के बावजूद, हिंदू जाति पर निष्ठा देखकर उस युवक का हृदय भर आया तथा उसने कंबू के पैरों पर सिर रखकर कहा, "मैं अब हिंदू जाति की अस्पृश्यता जैसी नीच रूढ़ि को सुधारने के लिए अपना जीवन लगा दूँगा। आप जो भी मार्ग बताएँगे उस मार्ग से मैं हिंदू धर्म की सेवा करने के लिए सिद्ध हूँ।" कंबू ने कहा, "तो फिर आ जा, हिंदू धर्म की सेवा तथा रक्षा के लिए आज जितने स्वयंसेवकों तथा स्वयंसैनिकों की आवश्यकता है, उतनी कभी नहीं थी! मेरी यह आकांक्षा तथा महत्त्वाकांक्षा है कि जिस प्रकार आज तक ब्राह्मणों तथा क्षत्रियों ने प्रमुख रूप से हिंदू धर्म की रक्षा की उसी तरह अब हम थिय्यों को करनी चाहिए। हिंदू धर्म के लिए धर्मवीरता जताकर उसकी त्रिभुवन में जय-जयकार कराने में स्पृश्यों-ब्राह्मणों की अपेक्षा हम अस्पृश्यों को अधिक शौर्य दिखाना चाहिए, अधिक सेवा कर दिखानी चाहिए, यह मेरी महत्त्वाकांक्षा है। चल, मालाबार के हम हिंदू लोगों पर जो भयानक आपत्ति आनेवाली है और वेद घोषों में मग्न हुए इन ब्राह्मणों को जिसकी बिल्कुल कल्पना तक नहीं है, उसका सामना करने के लिए मेरे साथ चल।"

□

प्रकरण-2

संकट की सूचना

उस युवक को लेकर कंबू अपनी अस्पृश्य बस्ती को छोड़कर जो चला, तो एक लंबे रास्ते से गुजरते हुए गाँव की पहाड़ी चढ़ते-चढ़ते नारियल-सुपारी के वन के पास जा खड़ा हुआ। वहाँ उसे वन में रहनेवाले ब्राह्मण की नजर पड़ने तक चुपचाप खड़े रहना था, क्योंकि किसी ब्राह्मण के स्नान-संध्या के समय अगर उसका स्वर सुनाई दिया तो उसे छूत हो जाता! इसलिए दामू के साथ बीच-बीच में हाथ के इशारे से बोलता हुआ वह एक पेड़ के नीचे बैठ गया।

अब तक ब्राह्मणों के घरों में प्रात:काल के वेदघोष समाप्त हो चुके थे। हरिहर शास्त्री के दरवाजे के बाहर उनकी पंद्रह साल की बेटी और लगभग अठारह साल का बेटा नारियल के एक आगार स्थित बगीचे में फूल तोड़ रहे थे। बीच-बीच में वे दोनों संस्कृत श्लोकों की अंत्याक्षरी खेल रहे थे तथा दाँव चढ़ने पर हँसने तथा चिढ़ाने में मगन थे। यद्यपि हरिहर शास्त्री नंबूदरी ब्राह्मण थे फिर भी वे एक बार मद्रास तक हो आए थे। इसलिए इस दुनिया में रेलगाड़ी तथा तारायंत्र जैसी कई चीजें हैं, इसमें उन्हें संदेह नहीं रहा था। इतना ही नहीं, कई जन्म नारियल-सुपारी के वनों ही में गुजारने के कारण यज्ञशाला के बाहर अग्नि कौन से अन्य रूप धारण करती है, इसका ज्ञान जिनको बिल्कुल नहीं था, ऐसे ब्राह्मणों को हरिहर शास्त्री द्वारा बताई गई रेलगाड़ी तथा तारायंत्र की कथाएँ जँचती नहीं थीं और उन्हें जताने के लिए हरिहर शास्त्री ने उनका पुराना संदर्भ सर्वज्ञ वेदों में पा लिया। हरिहर शास्त्री

का पांडित्य महान् था और उसे मद्रास तक की यात्रा की धार लग जाने के कारण सद्यस्थिति की सामाजिक तथा राष्ट्रीय कल्पनाओं की कुछ पहेलियों को सुलझाने में न सही परंतु उन्हें काटने में वह समर्थ हो गए थे। उनके घर में नौकरों तक को संस्कृत भाषा थोड़ी-बहुत समझ में आती थी। वे अपने घर के बरामदे में खड़े अपने दो बच्चों की लीला देख रहे थे, जो बगीचे में फूल तोड़ रहे थे। इतने में वहाँ कुमारिका पर दाँव लगने के कारण उसने अपने भाई से बनावटी गुस्से में कहा, ''भैया! अगर ऐसा है तो मैं खेलूँगी नहीं! यह श्लोक तुमने हमारे नियम के बाहर का कहा। यह श्लोक पंच महाकाव्यों में से नहीं है और हमारी प्रतिज्ञा है कि हम पंच महाकाव्यों से ही श्लोक कहें।''

''परंतु सुमति! यह श्लोक रघुवंश का ही है।''

''कदापि नहीं।''

''सचमुच है! चलो, लगी शर्त तुम्हारी और मेरी!''

''हाँ-हाँ, लगी शर्त, चलो पिताजी से पूछते हैं!'' ''पिताजी सुनिए,'' उसके भाई ने कहा, ''पिताजी! 'सीते दुस्सहनं वन!' यह श्लोक कालिदास का है न?'' ''नहीं बेटे'', शास्त्रीजी ने कहा, ''परंतु यदि सुमति ने स्वयं बताया कि वह श्लोक किसमें है, तो ही मैं समझूँगा कि उसने जीत लिया!'' ''यह रामायण से है।'' झट से सुमति ने कहा। शास्त्रीजी ने हँसकर कहा, ''यह सच है, परंतु रामायण के कुछ अनुष्टुप कालिदास के अनुष्टुपों से इतने सही-सही मिलते हैं जितने गीता के उपनिषदों से; इसलिए भैया की गलती हुई तो भी वह उतना बड़ा दोष नहीं है सुमति, जितना आप समझती हैं।'' ''न समझने लायक क्यों न हो!''

''हाँ-हाँ, लगी शर्त, चलो पिताजी से पूछते हैं!'' ''पिताजी सुनिए,'' उसके भाई ने कहा, ''पिताजी! 'सीते दुस्सहनं वन!' यह श्लोक कालिदास का है न?'' ''नहीं बेटे'', शास्त्रीजी ने कहा, ''परंतु यदि सुमति ने स्वयं बताया कि वह श्लोक किसमें है, तो ही मैं समझूँगा कि उसने जीत लिया!'' ''यह रामायण से है।'' झट से सुमति ने कहा।

सुमति ने व्यंग्य से कहा। उसी समय उसके पैरों के पास लेकिन थोड़ी दूरी पर लहराता हुआ एक तेजस्वी साँप दिखाई देने लगा। शास्त्रीजी ने किंचित् भी न चौंकते हुए कहा, "सुमति! देखो, वह मेरा फणींद्र तुम्हारे पैरों के पास कुछ विनति कर रहा है। तुमने आज सुबह फूल तोड़नेवाला वह गाना नहीं गाया, इसलिए वह आया होगा। सुनाओ उसे वह गाना!"

उस साँप को देखते ही वे दोनों 'फणींद्र, फणींद्र ' कहते हुए उसके साथ खेलने लगे। कभी चुटकियाँ बजाकर तो कभी सीटियाँ बजाकर वे उसे आगे-पीछे बुला रहे थे। इस खेल के साथ दो-तीन और नाग बिल से बाहर आए और उस खेल में हिस्सा लेने लगे। अपने यहाँ जिस प्रकार हम बिल्लियों तथा कुत्तों को पालते हैं, उसी प्रकार मालाबार में साँपों की सभी जातियों को लोग घर में, आँगन में बैठने देते हैं। जिस तरह हम आमतौर पर यह नहीं सोचते कि कुत्ता पागल हो जाएगा और फिर वह प्राणघातक होगा, उसी तरह वे लोग यह कल्पना नहीं करते कि साँप कदाचित् काटेगा। परंतु कभी जाने-अनजाने में भी झल्लाकर साँप काटता नहीं ऐसी बात नहीं। साँप को मारना प्राय: क्रूरता समझी जाती है और इसी कारण कई जगह पालतू पशु की भाँति साँप भी आँगन से बरामदे में और बरामदे से आँगन में घूमते-फिरते दिखाई देते हैं।

उस साँप को देखते ही वे दोनों 'फणींद्र, फणींद्र' कहते हुए उसके साथ खेलने लगे। कभी चुटकियाँ बजाकर तो कभी सीटियाँ बजाकर वे उसे आगे-पीछे बुला रहे थे। इस खेल के साथ दो-तीन और नाग बिल से बाहर आए और उस खेल में हिस्सा लेने लगे।

हरिहर शास्त्री के बगीचे के साँपों का अधिकार केवल प्रेम पर था, धार्मिक दया अथवा सामाजिक रूढ़ियों के रूप में नहीं था, बल्कि उन सर्पों के बारे में उन्हें लगभग वत्सलता प्रतीत होती थी। क्योंकि जो नाग उस लड़की के पैरों के आसपास प्यार से चक्कर काट रहा था, हरिहर शास्त्रीजी के वृद्ध पिताजी ने मरते समय अपने पोते की तरह उसे 'इसे भी सँभालो' कहकर उनके

पल्ले में डाला था। वह वृद्ध एक दिन धुआँधार वर्षा के समय किसी वन से आ रहा था। सिर पर पुराने जमाने के चिकने टाट का छाता था। उस वन में लगातार पानी बरसने के कारण सारे जीव-जंतु ठंड से पथरीले-से हो गए थे। ऐसे समय किसी नागचंपक पेड़ के तले से गुजरते समय उस वृद्ध ब्राह्मण के छाते पर नाग का एक बच्चा गिरा। गिरते ही वह छाते के ऊपरी डंडे को लपेटकर वहीं चिपका रहा। घर आते ही उस वृद्ध के मन में दया आई और उसने उस बच्चे को गरम कपड़ों में लपेटकर रखा। धीरे-धीरे फूलों के बगीचे में उसके लिए एक छोटी सुंदर बाँबी भी बनाई। वहाँ वह बच्चा बढ़ते-बढ़ते दूसरों को भयानक लगनेवाला लेकिन उस वृद्ध के कंधों पर, हाथों पर किसी बच्चे की तरह खेलनेवाला नाग बन गया। उस बगीचे की अन्य नाग-स्त्रियों के साथ उसका नाता जुड़ गया और यथाकाल उसकी संतति भी बढ़ने लगी। ये सभी साँप उस बगीचे के आसपास हमेशा घूमते-फिरते थे और पासवाले अनाज के कोठार पर ही रात को पहरा देते थे। एक दिन कुछ चोर रात को शास्त्रीजी के घर में घुसकर अनाज और धन लेकर जा रहे थे। दरवाजे के पास आते ही उस प्रचंड नाग ने रास्ता रोक-सा लिया। फुफकार करते तथा भयानक फन उठाते हुए वह सामने खड़ा रहा। उसे देखते ही दबे-सहमे हुए वे चोर शस्त्र उठाकर दौड़ पड़े लेकिन तभी उस नाग ने पीछे तथा एक ओर से आगे बढ़कर उन चोरों को घातक तरीके से डँस लिया और अँधेरे में खिसक गया। वे चोर तीस-चालीस फीट तक भी जा नहीं पाए कि बेहोश होकर गिर पड़े। सुबह वृद्ध शास्त्रीजी उठे तो उन चोरों में से कुछ

उस वन में लगातार पानी बरसने के कारण सारे जीव-जंतु ठंड से पथरीले-से हो गए थे। ऐसे समय किसी नागचंपक पेड़ के तले से गुजरते समय उस वृद्ध ब्राह्मण के छाते पर नाग का एक बच्चा गिरा। गिरते ही वह छाते के ऊपरी डंडे को लपेटकर वहीं चिपका रहा। घर आते ही उस वृद्ध के मन में दया आई और उसने उस बच्चे को गरम कपड़ों में लपेटकर रखा।

चोर चुराए हुए द्रव्य की गठरियों पर ही सर टेककर मर चुके थे, कुछ विष के भयानक प्रभाव से मृत्यु के पास पहुँच गए थे और उन सबके आसपास किसी कर्तव्य-कठोर पुलिस अधिकारी की तरह चक्कर काटता हुआ वह नाग पहरा देता हुआ शास्त्रीजी को नजर आया। चोरी के लिए प्राणदंड की सजा बहुत ज्यादा है। यह सोचकर उस दयालु ब्राह्मण ने तुरंत साँप के विष पर प्रयोग किया जानेवाला उपाय, जो मालाबार में कइयों को पता होता है, करते हुए चोरों को होश में लाकर छोड़ दिया। तब से इस गाँव में इस नाग की ख्याति हो गई कि वह शास्त्रीजी के घर पर पहरा देने के लिए जन्म लेकर आया हुआ उनका कोई पूर्वज है। इस बात से भी विशेष एक दूसरी बात यह थी कि उस नाग का बचपन ही से उस सुंदर कुमारिका पर प्रेम प्रकट था। साँप के प्रेम के कारण कुछ कुमारिकाओं का जीवन धोखे में आने की अद्‌भुत घटनाएँ कभी-कभी घटती हैं। लेकिन इस नाग का उस कुमारिका से जो प्रेम था वह उतना अशिष्ट नहीं था जो उसकी जान को खतरे में डाले। वह ठीक किसी चतुर प्रेमी की तरह उसकी आज्ञा में रहता था। उसके आसपास घूमने, उसके हाथों में दूध क्यों न हो, उनका स्पर्श पाने आदि में वह नाग अपना पूरा दिन खूब आनंद में बिता लेता था। कभी-कभी तो उसे ऐसी उच्छृंखल इच्छा होती थी कि उसके बदन को लपेटकर उसके मुख की ओर टकटकी लगाए बैठा रहे और अगर वह पूरी न हुई तो वह दूध ही नहीं पीता था। जब सुमति कम-से-कम अपने हाथ को, कोमल तथा नाग के बदन से भी कांतिमान और मृदुमांसल नागिन की तरह शोभनेवाले अपने हाथ को आगे बढ़ाकर, उसपर उसे कुंडली मारने देती तथा

यह सोचकर उस दयालु ब्राह्मण ने तुरंत साँप के विष पर प्रयोग किया जानेवाला उपाय, जो मालाबार में कइयों को पता होता है, करते हुए चोरों को होश में लाकर छोड़ दिया। तब से इस गाँव में इस नाग की ख्याति हो गई कि वह शास्त्रीजी के घर पर पहरा देने के लिए जन्म लेकर आया हुआ उनका कोई पूर्वज है।

उसकी आँखों को अपने मुख की चाँदनी पीने देती, तब कहीं वह नाग दूध पीता था। हरिहर शास्त्रीजी उसका यह सारा लाड़ पूरा करते थे। सुमति और उसके सारे परिवार को वह और उसकी संतति अपने ही घर के सदस्य लगते थे।

साँप के साथ खेलते-खेलते सुमति की दृष्टि ऊपर पड़ी तो उसने देखा कि कुछ दूर खड़े होकर कोई उसे हाथ से संकेत करते हुए कुछ कह रहा था।

"पिताजी! देखिए, वे कोई हैं! लगता है वे हमारे पास आ रहे हैं।"

"लेकिन वे उधर ही क्यों खड़े हैं?" हरिहर शास्त्रीजी ने ऊपर देखते ही कहा, "वह थिय्या लोगों का नेता कंबू होगा।"

कंबू के बारे में हरिहर शास्त्रीजी द्वारा प्रशंसा को सुमति ने सुना हुआ था। इसलिए उसने कहा, "पिताजी, ऐसे विद्वान् मनुष्य को यहीं क्यों नहीं बुलाते?" शास्त्री ने कहा, "वाह! थिय्या लोगों को अगर यहाँ बुलाया तो कल यहाँ के सभी ब्राह्मण मुझे यहाँ से भगा देंगे। मैं ही वहाँ चला जाता हूँ।"

कंबू के बारे में हरिहर शास्त्रीजी द्वारा प्रशंसा को सुमति ने सुना हुआ था। इसलिए उसने कहा, "पिताजी, ऐसे विद्वान् मनुष्य को यहीं क्यों नहीं बुलाते?" शास्त्री ने कहा, "वाह! थिय्या लोगों को अगर यहाँ बुलाया तो कल यहाँ के सभी ब्राह्मण मुझे यहाँ से भगा देंगे। मैं ही वहाँ चला जाता हूँ।" सुमति ने झट से हँसकर पूछा, "पिताजी क्या यह सच है कि ये थिय्या लोग, ब्राह्मणों की बस्ती में घूमने-फिरनेवाले इन कुत्तों से भी गंदे और इन साँपों से भी भयानक होते हैं?" ऐसा व्यंग्यात्मक प्रश्न सहजता से तथा खिलाड़ी भाव से करती हुई वह कुमारिका घर के भीतर चली गई और शास्त्रीजी अपने युवा बेटे के साथ उस थिय्या की ओर चल पड़े। सुमति अपने उस पीछेवाले घर के पास जाकर खड़ी हो गई, जहाँ से उस थिय्या का अपने पिताजी के साथ हो रहा वार्त्तालाप वह यदि सुन नहीं सकती तो कम-से-कम देख सकती थी।

हरिहर शास्त्रीजी उस ब्राह्मणागार में से चल रहे थे जो किसी तपोवन

की भाँति शांत तथा निर्भय लग रहा था। बीच-बीच में कोयल ऊँचे स्वर में गाती थी तो कहीं गाएँ रंभाती थीं। कहीं-कहीं वेदों का पठन सुनाई देता। किसी जगह दो-तीन शास्त्री मिलकर अत्यंत गंभीरता से इस अत्यंत महत्त्वपूर्ण विषय पर बहस करते हुए दिखाई दे रहे थे कि फेरा डालने के समय हर दो कदमों में कितना फासला होना चाहिए, इस बारे में स्मृति में कोई स्पष्ट व्यवस्था बताई गई है या नहीं, और यदि नहीं बताई गई है तो वह व्यवस्था कैसी बनाई जाए। शीघ्र ही शास्त्रीजी उस स्थान पर पहुँचे, जहाँ कंबू खड़ा था और यथोचित दूरी से कहीं अधिक आगे बढ़कर एकांत में उससे बातें करने लगे। कुछ बिल्कुल धीरे से तो कुछ थोड़ी ऊँची आवाज में। इस तरह से उनका वार्त्तालाप चल ही रहा था कि कंबू ने कहा, "इसमें कतई संदेह नहीं, महाराज! जिस घर के नीचे सुरंग बनाई जाती है वह घर उस सुरंग के बनते ही हिलने नहीं लगता, लेकिन यदि उस समय की, उस घर की स्थिरता तथा घर के लोगों की शांत निर्भयता के कारण किसीने यह कहा कि उस घर के नीचे सुरंग बनाने की वार्त्ता ही झूठ है तो उनको कौन समझा सकता है? सुरंग में चिनगारी पड़ते ही जो भयानक धक्का पहुँचेगा, वही एक बात उनकी इस धारणा को गलत ठहराएगी! आज आपकी इस ब्राह्मण बस्ती की स्थिति ठीक वैसी ही है। उस मौलवी ने दो बार मुझसे कहा कि अगर तू मुसलमान बनेगा तो एक महीने के अंदर तुझे—महाराज, इस वाक्य का उच्चारण भी नहीं करना चाहिए परंतु उसे माँ की न खुलनेवाली आँखों को खोलने में समर्थ बनानेवाला अनन्य अंजन समझकर उच्चारण कर रहा हूँ—और तेरे थिय्या लोगों को जो आज कुत्तों के रास्तों पर से भी छुआछूत के डर से जाने नहीं देते, उन्हीं ब्राह्मण

किसी जगह दो-तीन शास्त्री मिलकर अत्यंत गंभीरता से इस अत्यंत महत्त्वपूर्ण विषय पर बहस करते हुए दिखाई दे रहे थे कि फेरा डालने के समय हर दो कदमों में कितना फासला होना चाहिए, इस बारे में स्मृति में कोई स्पष्ट व्यवस्था बताई गई है या नहीं, और यदि नहीं बताई गई है तो वह व्यवस्था कैसी बनाई जाए।

मराठों की लड़कियों के मंचकों पर तुम्हें ले जाकर न बैठाऊँ तो मैं मौलवी नहीं! जो भी थिय्या आज मुसलमान बनकर जल्द ही होनेवाले इस कांड में भाग लेगा उस हर एक को अपनी मनपसंद ब्राह्मण की लड़की एक महीने के अंदर अर्पित की जाएगी! महाराज, आप क्रोधित न होइए! मालाबार में आज कुछ भी गड़बड़ी दिखाई नहीं देती; आपके इस तपोवन में केवल कोयलों का स्वर ही शांति को भंग करता होगा, ऐसी यद्यपि आज की स्थिति है, फिर भी अभी इस घड़ी में—इस तपोवन के नीचे मोपला मुसलमानों की क्रूर धर्मांधता की भयानक सुरंग बनाई जा रही है।''

''उस मौलवी जैसे दस-पाँच धर्मोन्मत्तों की मारधाड़ से डगमगा जाए, ब्रिटिश राज इतना दुर्बल तो नहीं है।'' उस थिय्या की बातों से किंचित् प्रभावित होकर चिंतायुक्त आवाज में शास्त्रीजी ने कहा।

''दस-पाँच धर्मांध मौलवी ही नहीं, बल्कि हर एक मोपला इस विद्रोह में शस्त्र लिये खिलाफत के लिए उठनेवाला है। इसके अलावा उस मौलवी ने मुझे यह भी बताया है कि 'अरबस्तान से समुद्र मार्ग से उन्हें बारूद पहुँचाया जानेवाला है तथा अफगानिस्तान का अमीर उसी समय पचास-साठ हजार की फौज लेकर हिंदुस्थान पर हमला करनेवाला है। हमारे विद्रोह की ही देर है। हमारे विद्रोह कर देने के पश्चात् तीन महीनों के अंदर तुर्कस्तान का झंडा फहराता अनवर बेन हमें आकर मिलनेवाला है।' ऐसा वह मौलवी बार-बार कह रहा था।''

दस-पाँच धर्मांध मौलवी ही नहीं, बल्कि हर एक मोपला इस विद्रोह में शस्त्र लिये खिलाफत के लिए उठनेवाला है। इसके अलावा उस मौलवी ने मुझे यह भी बताया है कि 'अरबस्तान से समुद्र मार्ग से उन्हें बारूद पहुँचाया जानेवाला है तथा अफगानिस्तान का अमीर उसी समय पचास-साठ हजार की फौज लेकर हिंदुस्थान पर हमला करनेवाला है।

''यह अनवर बेन कौन है?''

''वह तुर्क है और हिंदुस्थान के सभी मुसलमान उसे सारी दुनिया के मुसलमानों को स्वंतत्र करने के लिए भेजा गया ईश्वरीय योद्धा समझते हैं।''

''अरे, परंतु वह अनवर अगर तुर्क है तो मोपलों का कौन लगता है? ये मोपला लोग तो हमारे हिंदुओं के वंशज हैं।''

''यह कैसे हो सकता है, महाराज! वे स्वयं अपने को अरबस्तान के मोहम्मद के कुरेशी वंश का समझते हैं। एक बार ये अरबी लोग या कुरेशी भी हिंदुओं के बारे में ममत्व की भावना रख सकते हैं लेकिन ये मोपला, हमारे हिंदुओं के ये वंशज हम हिंदुओं के बारे में उतनी भी ममत्व की भावना नहीं रखेंगे। दस साल पहले एक बार जब मोपला लोगों ने दंगा-फसाद किया था, तब उन्होंने पूरे अरनाड़ तालुके में हिंदुओं को जबरदस्ती मुसलमान बनाते हुए या जान से मारते हुए आक्रांत नहीं किया था? वह समय आपके ध्यान में होगा ही!''

यह कैसे हो सकता है, महाराज! वे स्वयं अपने को अरबस्तान के मोहम्मद के कुरेशी वंश का समझते हैं। एक बार ये अरबी लोग या कुरेशी भी हिंदुओं के बारे में ममत्व की भावना रख सकते हैं लेकिन ये मोपला, हमारे हिंदुओं के ये वंशज हम हिंदुओं के बारे में उतनी भी ममत्व की भावना नहीं रखेंगे।

''क्या कह रहा है तू, दंगा करनेवाले क्या यही मोपला थे?'' किसी मर्मांतक स्मृति से चौंककर शास्त्रीजी ने पूछा। उसकी अथवा उसके कारणों की स्मृति कुट्टम के ब्राह्मण आदि हिंदुओं को लगभग नहीं थी—क्योंकि वह उनके गाँव में नहीं हुआ था तथा अन्य गाँवों में क्या हो रहा है, इसकी माथापच्ची करने की चिंता इस अस्त-व्यस्त हिंदू समाज को होती तो ये दिन आते ही नहीं—परंतु हरिहर शास्त्री को उस दंगे की स्मृति जो इतनी तीव्रता से थी, उसका कारण भी उतना ही तीव्र था। उस दंगे में उनकी नानी को मोपलों ने पकड़ा था; उसे मुसलमानों के घर में एक वर्ष जबरदस्ती बंद रखा था और अंत में खाना-पीना छोड़कर उस साध्वी ने वहीं अपने प्राण त्याग दिए थे। उस स्मृति से तथा 'यही मोपला

हैं' यह समझते ही शास्त्रीजी के हृदय में घबराहट सी हुई। कंबू थिय्या जो बात बता रहा था उसका भयानक मर्म उनकी समझ में अभी आ रहा था, अत: फिर से उन्होंने पूछा, "क्या कहा? ये वही मोपला फिर से विद्रोह कर उठनेवाले हैं? लेकिन क्या रे, हमारे कुट्टम गाँव में तो उस समय ऐसा कुछ नहीं हुआ। उसका कारण यह है कि यहाँ पाँच-छह मोपलों के घर धर्मांध नहीं हैं, बल्कि ये बिल्कुल गरीब और अपने इस गाँव के हिंदू अस्पृश्यों के ही वंश के हैं। यह सबकुछ वहाँ उस अरनाड़ गाँव में होता होगा, लेकिन यहाँ हमारे गाँव में कुछ डर नहीं होना चाहिए।"

महाराज! क्या इस गाँव में संकट नहीं? आपके इस हिंदू अस्पृश्यों के वंश के ही ये जो चार-पाँच गरीब लगनेवाले मोपला परिवार हैं, उन्हीं में से वह मौलवी भी है—जिसने मुझे तथा मुसलमान होने को इच्छुक हर एक थिय्या को मनचाही ब्राह्मण अथवा नायर कन्या देने की बात कही है। इस बार मोपला लोग पूरे मालाबार में एक साथ विद्रोह करनेवाले हैं।

"महाराज! क्या इस गाँव में संकट नहीं? आपके इस हिंदू अस्पृश्यों के वंश के ही ये जो चार-पाँच गरीब लगनेवाले मोपला परिवार हैं, उन्हीं में से वह मौलवी भी है—जिसने मुझे तथा मुसलमान होने को इच्छुक हर एक थिय्या को मनचाही ब्राह्मण अथवा नायर कन्या देने की बात कही है। इस बार मोपला लोग पूरे मालाबार में एक साथ विद्रोह करनेवाले हैं। और हाँ, यदि यह समझ लिया कि अरनाड़ तालुका में ही हिंदुओं पर भयानक संकट आनेवाला है और हमारे कुट्टम में शांति रहनेवाली है तो मैं पूछता हूँ कि उस तालुका के हिंदुओं के संकट में क्या हमें भाग नहीं लेना चाहिए? उनकी स्त्रियों तथा बच्चों पर जो संकट आनेवाला है वह अपने ही परिवार पर आया है, ऐसा सोचकर उसके प्रतिकार के लिए क्या हमें दौड़कर नहीं जाना चाहिए? क्या उनकी बहनें हमारी बहनें नहीं? उनके मंदिर हमारे ही देवों के मंदिर नहीं? अगर ऐसा है तो उनका विनाश हमारा विनाश है। जहाँ समस्त हिंदू जाति

के सुख-दु:ख का प्रश्न है वहाँ पेशावर की अस्पृश्य बस्ती की हिंदू झोंपड़ी रामेश्वर की नगर सीमा के अंदर ही समझी जानी चाहिए। आज अरनाड़ पर गुजरी है तो क्या कुट्टम को शर्म नहीं आनी चाहिए? इन मुसलमानों ने अरनाड़ में 'हिंदुओं की बेटियों को भगा ले जाकर उन्हें अपनी बीवियाँ बनाया और तुम्हारी मूर्तियाँ भ्रष्ट कीं' ये बातें यहाँ के मुसलमान जब कहते हैं तो क्या हमारे मुँह शर्म से काले-कलूटे नहीं हो जाते? कम-से-कम होने तो चाहिए, पर यह सब छोड़िए। मुझे क्षमा कीजिए। लेकिन मैं आपसे स्पष्ट कहता हूँ कि—अभी जो कांचनलता के समान मोहक तथा प्राण जैसी प्रिय आपकी कन्या फूलों की क्यारियों से होकर आपके घर में गई, महाराज! उसके पवित्र सम्मान तथा जीवन की होली न होने पाए—ऐसी अगर आपकी इच्छा हो तो समय रहते सावधान हो जाइए।''

हरिहर शास्त्री के पेट में घबराहट सी हुई। लेकिन मनुष्य स्वभाव विचित्र होता है। वह प्रत्यक्ष अपमान का घाव सह लेता है, लेकिन उसका नाम लेकर उसे सहने की बात कही जाए तो नहीं सह सकता। अपनी प्रिय, सुंदर तथा सुशिक्षित कन्या का नाम इस थिय्या द्वारा और ऐसी भयानक भविष्यवाणी के संदर्भ में लेना उनके लिए अधिक विषाद की बात थी, अत: उस भविष्यकालीन भय से घबराते हुए भी उनके चेहरे पर असंतोष की छाया फैल गई। लेकिन शीघ्र ही अपने आपको सँभालते हुए उन्होंने कहा, ''कंबू! तो फिर इस अनर्थ के प्रतिकार का उपाय क्या है? और

हरिहर शास्त्री के पेट में घबराहट सी हुई। लेकिन मनुष्य स्वभाव विचित्र होता है। वह प्रत्यक्ष अपमान का घाव सह लेता है, लेकिन उसका नाम लेकर उसे सहने की बात कही जाए तो नहीं सह सकता। अपनी प्रिय, सुंदर तथा सुशिक्षित कन्या का नाम इस थिय्या द्वारा और ऐसी भयानक भविष्यवाणी के संदर्भ में लेना उनके लिए अधिक विषाद की बात थी, अत: उस भविष्यकालीन भय से घबराते हुए भी उनके चेहरे पर असंतोष की छाया फैल गई।

तू मुझे यह बता, आजकल तो हिंदू-मुसलमानों की एकता स्थापित हुई है न? हिंदुओं ने खिलाफत को स्वधर्म की तरह अपनाया और इसलिए मुसलमान उनके शब्दों के बाहर नहीं जा रहे न? फिर तू जिस विद्रोह की बात कर रहा है, वह हिंदुओं के विरुद्ध कैसे हो सकता है?''

''महाराज! इस भविष्यकालीन अनर्थ का प्रतिकार कैसे करना चाहिए यह जो प्रश्न आपने पूछा, इसका पहला उपाय यही है—सबसे पहले हमें हिंदू-मुसलमानों की जो एकता हुई है, वह हिंदुओं की सुरक्षा की पोषक है, यह धारणा नष्ट करनी चाहिए। आप जो कहते हैं उस वाक्य का पूर्वार्ध सच यह है कि हिंदुओं ने खिलाफत के प्रश्न को स्वधर्म के प्रश्न के समान समझकर अपनाया। लेकिन उसका उत्तरार्ध झूठ है। क्योंकि हिंदुओं ने खिलाफत को अपनाया, इसलिए उन्हें हिंदुओं के शब्दों के बाहर कदम नहीं रखना चाहिए ऐसा मुसलमान नहीं मानते, बल्कि हिंदुओं को उनके शब्दों के बाहर कदम नहीं रखना चाहिए ऐसा वे कहते हैं। यह सत्यस्थिति हिंदुओं के सामने लाकर असावधानी में किसी भी प्रकार इस विद्रोह की सहायता न करते हुए अभी से उसका खुला प्रतिरोध करके उनकी कमर तोड़ देनी चाहिए, यह बात हिंदुओं को समझा देना ही अनर्थ के प्रतिकार का पहला उपाय है। पहला है लेकिन इतना ही पर्याप्त नहीं, क्योंकि यह विद्रोह मुसलमान हिंदुओं के आधार पर नहीं कर रहे। हिंदू उनसे मिलें या न मिलें, उनको धर्मांतरित कर भ्रष्ट कर देना ही तो इस विद्रोह का एक महत्त्वपूर्ण आदर्श है, तथा क्योंकि

महाराज! इस भविष्यकालीन अनर्थ का प्रतिकार कैसे करना चाहिए यह जो प्रश्न आपने पूछा, इसका पहला उपाय यही है—सबसे पहले हमें हिंदू-मुसलमानों की जो एकता हुई है, वह हिंदुओं की सुरक्षा की पोषक है, यह धारणा नष्ट करनी चाहिए। आप जो कहते हैं उस वाक्य का पूर्वार्ध सच यह है कि हिंदुओं ने खिलाफत के प्रश्न को स्वधर्म के प्रश्न के समान समझकर अपनाया।

युद्ध गर्जना होनेवाली है, इसलिए दूसरा उपाय यह होगा कि हम हिंदुओं को मिलकर अपनी सुरक्षा के लिए दल बनाना होगा। यह काम अभी ही शुरू करना चाहिए। वह मौलवी यहाँ से जो गया है, अरनाड़ जाकर प्रायः दो-तीन दिन में उनकी प्रमुख सभा में निवेदन करेगा कि कुट्टम के थिय्या लोग स्वेच्छा से मुसलमान नहीं होते; बाकी जातियों के बारे में तो पूछो ही नहीं! प्रायः कुट्टम देश का नाम उस टिप्पणी में दाखिल किया जाएगा जिसमें हिंदुओं के उन गाँवों में जबरदस्ती मुसलमान धर्म स्वीकारने को विवश करते हुए हिंदुओं की सारी संपत्ति काफिरों की बताकर जब्त की जाएगी और उस संपत्ति का, हिंदू स्त्रियों का, धर्मवीरों की न्यायसिद्ध लूट समझकर अपहरण किया जाएगा। यह भी निश्चित ही है कि इस लूट में यह पवित्र, निरपराध तथा लावण्यवती कन्या उस नीच मौलवी का हिस्सा होगी। महाराज, क्रोधित न हों, मुझपर क्रोधित न हों। जो क्रोध करना है वह पापाचरण करने के लिए प्रवृत्त इन नीचों पर करें। मैं तो केवल एक क्षण का समाचार समय पर पहुँचाकर उसके परिणाम से आपकी रक्षा के लिए आया हुआ पत्र हूँ। मुझे फाड़ने की बजाय उस समाचार पर ठीक से सोच-विचार कर उस संकट तथा दुष्टों से प्रतिशोध लीजिए!"

प्रायः कुट्टम देश का नाम उस टिप्पणी में दाखिल किया जाएगा जिसमें हिंदुओं के उन गाँवों में जबरदस्ती मुसलमान धर्म स्वीकारने को विवश करते हुए हिंदुओं की सारी संपत्ति काफिरों की बताकर जब्त की जाएगी और उस संपत्ति का, हिंदू स्त्रियों का, धर्मवीरों की न्यायसिद्ध लूट समझकर अपहरण किया जाएगा।

"जैसे तू कह रहा है वैसा ही सही! कंबू! चलो! कैसे शुरुआत की जाए, बताओ!"

"ठीक है, महाराज! पहले तो मैं अरनाड़ जाकर वहाँ मुसलमानों के प्रमुख केंद्र के लोगों को, जिन्हें नेताओं ने झूठी गप्पें लगाकर 'स्वराज्य' तथा 'एकता' की चीनी में घोली बेहोशी की गोलियाँ खिलाई हैं, उन हिंदुओं को

होश में लाने का प्रयत्न करूँगा। वे समय पर होश में आए तो ठीक ही है; नहीं तो कम-से-कम हम कुट्टम के हिंदू युवकों को तो धर्मरक्षण के लिए तैयार कर रखेंगे। थिय्याओं के युवक इस कार्य के लिए तत्पर हैं।''

कंबू के साथ आए हुए उस थिय्या युवक ने सहसा कहा, ''हाँ! बिल्कुल ठीक! हिंदू धर्म की रक्षा के लिए हम मरने के लिए भी तत्पर हैं।''

''आप बस इस ब्राह्मणागार में बड़े आराम से खर्राटे भरनेवाले अपने उन बंधुओं को सावधान कर रखिए जो पांडवों के शिविर में द्रौपद्री आदि की भाँति हैं। मैं अरनाड़ से लौटते ही आपसे मिलूँगा।''

जब यह वार्त्तालाप इधर चल रहा था तब सुमति पहले कुछ देर अपने घर के पीछे खड़ी रही, फिर धीरे-धीरे आगे बढ़ती हुई नारियल के एक पेड़ के पीछे इतने फासले पर चुपचाप खड़ी हो गई जहाँ शास्त्रीजी तो उसे देख नहीं पाते, परंतु उस थिय्या को ठीक तरह से न सही, अस्पष्टता से तो वह सुन ही सकती थी। उस थिय्या युवक ने आगे बढ़ते हुए उसे देखा था तथा उसने भी उस युवक को अपनी ओर देखते हुए देखा था। थिय्या के शब्द उसने स्पष्टता से सुने थे। उस थिय्या युवक के ऐंठदार बदन को भी उसने गौर से देखना चाहा। उसके सुशिक्षित मन में दो बार यह विचार आया कि शरीर रचना के नाते देखा जाए तो इस थिय्या युवक को ब्राह्मण युवकों में छोड़ने पर उसे अलग से पहचाना भी नहीं जाएगा। फिर इसे अस्पृश्य क्यों माना गया? लहू, जाति, रूप इतना अभिन्न! फिर जो ब्राह्मण या क्षत्रिय साँपों को भी पालते हैं वे इन्हें इतनी निष्ठुरता से क्यों दुत्कारते हैं? यह सहानुभूतिपूर्ण विचार उसके मन में उमड़ ही रहा था कि अचानक उस थिय्या

जब यह वार्त्तालाप इधर चल रहा था तब सुमति पहले कुछ देर अपने घर के पीछे खड़ी रही, फिर धीरे-धीरे आगे बढ़ती हुई नारियल के एक पेड़ के पीछे इतने फासले पर चुपचाप खड़ी हो गई जहाँ शास्त्रीजी तो उसे देख नहीं पाते, परंतु उस थिय्या को ठीक तरह से न सही, अस्पष्टता से तो वह सुन ही सकती थी।

युवक की बार-बार उसकी ओर देखनेवाली नजरों से उसकी नजरें मिल गईं। उसे लगा कि उसके साथ बातें करे। उसकी दृष्टि में वह सहानुभूति का भाव देखने के लिए किसी भी महत्कार्य में अपने प्राण भी अर्पित कर सकता था।

इतने में कंबू तथा शास्त्रीजी का वार्त्तालाप समाप्त हुआ और विदा लेते समय कंबू ने साष्टांग प्रणिपात किया। कंबू लौट गया। लौटते-लौटते उस थिय्या युवक ने पीछे मुड़कर देखा तो ब्राह्मण कन्या की सहानुभूतिपूर्ण दृष्टि फिर से उसपर पड़ी। वह वहीं छिपकर खड़ी थी। उसकी इच्छा के इतनी निकट! उसकी आशा जितनी सुंदर!

इतने में कंबू तथा शास्त्रीजी का वार्त्तालाप समाप्त हुआ और विदा लेते समय कंबू ने साष्टांग प्रणिपात किया। कंबू लौट गया। लौटते-लौटते उस थिय्या युवक ने पीछे मुड़कर देखा तो ब्राह्मण कन्या की सहानुभूतिपूर्ण दृष्टि फिर से उसपर पड़ी। वह वहीं छिपकर खड़ी थी। उसकी इच्छा के इतनी निकट! उसकी आशा जितनी सुंदर!

हरिहर शास्त्रीजी भारी कदमों से अपने घर की ओर निकले। अपनी नानी की वह भयानक अवस्था उन्हें याद आई, और उन्हीं राक्षसों की वैसी ही क्रूरता का शिकार अब उनकी अल्हड़ प्रियतम कन्या हो जाएगी! नहीं, यह भयानक विचार अपने मन में जुटा लेने का साहस भी उन्हें नहीं हो रहा था। उस वन से वापस लौटते समय वे फिर से उसी घर के सामने से गुजरे, जहाँ शास्त्री लोग परिक्रमा के दो कदमों में कितना फासला होना चाहिए इस विषय पर स्मृतिशास्त्र के आधार पर बहस कर रहे थे। वह बहस अब पूरे जोश से हो रही थी! लेकिन शास्त्रीजी को अब वह बहस कर्णकटु लग रही थी और पता नहीं क्यों, उस बहस को सुनकर उनका भय मानो दुगुना हो गया। कंबू की बात उन्हें सच लगने लगी।

□

प्रकरण-3

अहिंसा के नशे में

कालीकट के एक विस्तीर्ण बँगले में खिलाफत मंडल की हिंदू शाखा की सभा लगी हुई थी। पंजाब से एक प्रख्यात तथा खिलाफत आंदोलन के प्रमुख नेता अल्लाबख्श मालाबार को आंदोलित करने आए थे। गाँव के हिंदू-मुसलमानों की ओर से उनका विराट् स्वागत किया गया। उस सभा में हिंदू-मुसलमानों की एकता के लिए हिंदुओं को क्या करना चाहिए इस विषय पर अल्लाबख्शजी का प्रभावकारी भाषण हुआ। इतना प्रभावकारी कि उनकी वापसी की शोभायात्रा के समय खान साहब की गाड़ी को हिंदू लोग स्वयं खींचते हुए ले गए। शोभायात्रा में एक बार किसीने 'वंदे मातरम्' का नारा लगाया, परंतु उसका साथ देनेवाला मूर्ख तथा अनुदार हिंदू कोई नहीं मिला! मुसलमानों ने उस शब्द के उच्चारे जाने पर शांत वृत्ति रखकर कोई दंगा-फसाद नहीं किया। हिंदू नेताओं ने तुरंत आज्ञा दी कि सभी को 'अल्लाह हो अकबर' का एक ही जयघोष करते हुए दुनिया को दिखाना है कि हिंदू-मुसलमानों की एकता दृढ़ हो रही है!

शोभायात्रा समाप्त होते ही रामनारायण नंबूदरी, माधव नायर, सीताराम चेट्टी आदि हिंदू नेता अल्लाबख्श के साथ उस बँगले में इकट्ठे हुए। कालीकट के खिलाफत आंदोलन के प्रमुख प्रवक्ता महानंदी अय्यर भी वहाँ उपस्थित थे, अत: सभा के अध्यक्ष स्थान पर उन्हीं को बैठाया गया। उन्होंने कहा, "आज के भाषण से कालीकट नगर के लोगों पर जो प्रभाव हुआ है उसका तुरंत लाभ उठाते हुए, खिलाफत आंदोलन के लिए हिंदुओं को जो

करना है, उसकी शुरुआत अभी से करने के लिए यह सभा आयोजित की गई है।''

माधव नायर ने कहा, '' 'खिलाफत आंदोलन के लिए स्वराज्य' ऐसा कोई विधान प्रस्ताव में किया जाए।''

इस पर क्रोधित होकर मौलाना ऐतखान ने कहा, ''स्वराज्य खिलाफत के सिर पर! हिंदू मुसलमानों के सिर पर! अगर ऐसा है तो मैं चला इस सभा से।''

लज्जित होकर माधव नायर ने कहा, ''क्षमा कीजिए, मौलवी! मेरे कहने का यह अर्थ कदापि नहीं था। यदि आपकी धार्मिक भावना को ठेस पहुँचती है तो प्रस्ताव में 'खिलाफत—स्वराज्य का आंदोलन' हम ऐसा विधान करेंगे।'' मौलवी ऐतखान ने कहा, ''बिल्कुल नहीं! स्वराज्य की यह सनक आप बीच में इसलिए लाते हैं कि आपका हमारी खिलाफत पर विश्वास नहीं। यह हमारे धर्म का अपमान है।''

लज्जित होकर माधव नायर ने कहा, ''क्षमा कीजिए, मौलवी! मेरे कहने का यह अर्थ कदापि नहीं था। यदि आपकी धार्मिक भावना को ठेस पहुँचती है तो प्रस्ताव में 'खिलाफत—स्वराज्य का आंदोलन' हम ऐसा विधान करेंगे।'' मौलवी ऐतखान ने कहा, ''बिल्कुल नहीं! स्वराज्य की यह सनक आप बीच में इसलिए लाते हैं कि आपका हमारी खिलाफत पर विश्वास नहीं। यह हमारे धर्म का अपमान है।''

इतने में एक कोने से उठकर एक तेजस्वी पुरुष ने ढीठ भाव से कहा, ''लेकिन, मौलाना साहब! खिलाफत संस्था तथा आंदोलन मुसलमानों का होते हुए भी यदि हिंदू लोग उसका समर्थन करते हैं तो हिंदुओं के स्वराज्य-आंदोलन को मुसलमान इतना अपमानजनक क्यों समझते हैं ?

''तुम मूर्ख हो!'' ऐतखान ने उछलकर कहा, ''खिलाफत हमारा धर्म है। उमर के पहले, अब्बास के पहले साक्षात् पैगंबर के साथ ही खिलाफत का जन्म हुआ है। लेकिन तुम्हारा स्वराज्य का यह आंदोलन आज का है,

नया है, इसलिए वह अपमानकारक है।''

''स्वराज्य का आंदोलन नया नहीं,'' उस व्यक्ति ने कहा, ''मोहम्मद पैगंबर के पहले वह विक्रम ने किया था, कृष्ण ने किया था, रामचंद्र ने…''

''बस! बस! उस काफिर का नाम मत लेना। पैगंबर तथा कृष्ण! एक ही साँस में दोनों नाम! पैगंबर का यह अपमान है! चुप! नहीं तो जबान उखाड़ लूँगा।'' ऐसा कहते हुए मौलाना ऐतखान ने उस हिंदू पर हमला किया।

'हाँ-हाँ' कहते हुए लोग बीच में पड़े। अध्यक्ष महानंदी ने उठकर कहा, ''शांत हो जाइए, मौलानाजी! हम सब हिंदुओं की ओर से इस व्यक्ति की उद्दंडता के लिए आपसे क्षमा चाहते हैं। ऐ महाशय! यह सभा अनत्याचारी, असहकारवादी लोगों की है, तू यह कैसे भूलता है? यहाँ तूने अपने मुसलमान बंधुओं के साथ ऐसा अत्याचार का बरताव किया, यह हिंदू धर्म के लिए लज्जास्पद है। प्रस्ताव में 'खिलाफ़त का आंदोलन' इतने ही शब्द होने चाहिए ऐसा मैं प्रस्ताव रखता हूँ।''

शांत हो जाइए, मौलानाजी! हम सब हिंदुओं की ओर से इस व्यक्ति की उद्दंडता के लिए आपसे क्षमा चाहते हैं। ऐ महाशय! यह सभा अनत्याचारी, असहकारवादी लोगों की है, तू यह कैसे भूलता है? यहाँ तूने अपने मुसलमान बंधुओं के साथ ऐसा अत्याचार का बरताव किया, यह हिंदू धर्म के लिए लज्जास्पद है।

''ठीक है!'' हाथ में माला लिये शांत भाव से बैठा हुआ एक मुसलमान मौलवी बोला, ''यही ठीक है। अपने प्रिय हिंदू बंधुओं के लिए हम प्राण भी देंगे। दोनों का लक्ष्य एक ही शब्द में व्यक्त होने से हमारी एकता की शोभा बढ़ती है, और फिर खिलाफत में स्वराज्य है; लेकिन स्वराज्य में खिलाफत होगी ही, ऐसा नहीं है। इसलिए महानंदीजी ने जो निर्णय दिया वह ठीक ही है। महानंदी सचमुच महापुरुष हैं।''

''वे असली हिंदू हैं।'' सभा ने एक स्वर से कहा।

''केवल आशीर्वाद नहीं चाहिए। खिलाफत के लिए हिंदू लोग प्रत्यक्षतः

किस-किस प्रकार की सहायता देते हैं, उसपर उनकी एकता की यह भाषा कहाँ तक सच्ची है, यह मुसलमान परखेंगे।'' मौलाना ऐतखान ने अपनी दाढ़ी को हाथ से चुपड़ते हुए कहा, ''खिलाफत के लिए हम मोपला लोगों के स्वयंसैनिकों के दल खड़े करनेवाले हैं। लेकिन मोपला लोग निर्धन हैं तथा उनका धन हिंदू भँवरों (जमींदारों) ने हरण कर लिया है, इसलिए मेरा ऐसा सोचना है कि स्वयंसैनिकों के खर्च का बोझ हिंदुओं को उठाना चाहिए।''

''उचित ही है।'' महानंदी ने कहा।

''मेरी ऐसी सोच है कि उन स्वयंसैनिकों के अधिकारियों में कुछ हिंदू गृहस्थ होने चाहिए।'' माधव नायर ने कहा।

''क्या! मुसलमानों पर अविश्वास! मुसलमानों पर हिंदू अधिकारी? यह मुसलमान धर्म का अपमान है। मुसलमान गुलाम होने के लिए नहीं जन्मे। वे राज्य करने के लिए जन्मे हैं।''

''मेरी ऐसी सोच है कि उन स्वयंसैनिकों के अधिकारियों में कुछ हिंदू गृहस्थ होने चाहिए।'' माधव नायर ने कहा।

''क्या! मुसलमानों पर अविश्वास! मुसलमानों पर हिंदू अधिकारी? यह मुसलमान धर्म का अपमान है। मुसलमान गुलाम होने के लिए नहीं जन्मे। वे राज्य करने के लिए जन्मे हैं।''

''क्षमा कीजिए! मौलाना साहब! मेरा यह उद्देश्य नहीं था।'' लज्जित होते हुए माधव नायर ने कहा, ''आपकी धार्मिक भावनाओं को ठेस पहुँचती है तो मैं यह सुझाव देता हूँ कि उन स्वयंसैनिकों में मुसलमान अधिकारियों के नीचे हिंदू स्वयंसैनिक होने चाहिए।''

ऐतखान ने कहा, ''बिल्कुल नहीं; खिलाफत की रक्षा के लिए मुसलमान स्वयंसैनिक रखना ही हमारा धर्म है। उमर के पहले, अब्बास के पहले पैगंबर के काल से मुसलमान खिलाफत की रक्षा का काम मुसलमानों ही को करना चाहिए, ऐसा हुक्म है। काफिरों को केवल जजिया देना चाहिए। लेकिन वे कभी भी प्रत्यक्ष स्वयंसैनिक नहीं बन सकते।''

"परंतु…" माधव नायर जरा आग्रह से बीच में ही कह रहे थे कि "चुप, तुम मूर्ख हो," ऐतखान ने फिर से उछलकर कहा, "खिलाफत की रक्षा के लिए स्वयंसैनिक मुसलमान चाहिए, यही हमारा धर्म है, बताया न! तुम्हारी सूचना नई है, इसलिए वह हमारा अपमान है। हमारे धर्म के विरुद्ध कोई बोलेगा तो मैं खींच लूँगा।" ऐसा कहते हुए मौलाना हमला करने लगे। 'हाँ-हाँ' कहते हुए लोग बीच में पड़े। अध्यक्ष महानंदी ने उठकर कहा, "शांत हो जाइए, मौलवीजी! माधव नायर की इच्छा निश्चित ही यह दर्शानेवाली थी कि हमारे मुसलमान बंधुओं पर हिंदुओं का विश्वास नहीं। मुसलमान गुलाम होने के लिए नहीं जन्मे। मुसलमानों का यह प्रण निश्चय ही अभिनंदनीय है। माधव नायर! हम यहाँ सभी अनत्याचारी, असहकारितावादी एकत्रित हैं। फिर भी आपने अपने शब्दों से मौलवी को दुःखी किया, यह आपको कैसे शोभा देगा? मैं निर्णय देता हूँ कि हमारे मुसलमान बंधुओं को खिलाफत की रक्षा के लिए स्वयंसैनिकों के दल खड़े करने का पूरा अधिकार है तथा उसके खर्च के लिए हिंदुओं को पूरा धन—जिसे ये मौलवी 'जजिया' कहते हैं, देना चाहिए।"

"परंतु…" माधव नायर जरा आग्रह से बीच में ही कह रहे थे कि "चुप, तुम मूर्ख हो," ऐतखान ने फिर से उछलकर कहा, "खिलाफत की रक्षा के लिए स्वयंसैनिक मुसलमान चाहिए, यही हमारा धर्म है, बताया न! तुम्हारी सूचना नई है, इसलिए वह हमारा अपमान है। हमारे धर्म के विरुद्ध कोई बोलेगा तो मैं खींच लूँगा।" ऐसा कहते हुए मौलाना हमला करने लगे। 'हाँ-हाँ' कहते हुए लोग बीच में पड़े।

"ठीक है, ठीक है!" हाथ में माला लिये हुए बैठे उस शांत मुसलमान मौलवी ने कहा, "यही ठीक है। लेकिन हमारे परमप्रिय हिंदू बंधुओं के इस प्रेम पर मोहित होकर मैं ऐसे सुझाव रखता हूँ कि हिंदू जो धन देंगे उसे 'जजिया' न कहते हुए केवल 'चंदा' कहने की उदारता मुसलमानों को दिखानी चाहिए।"

''मौलवी महान् पुरुष हैं। मौलवी हमारे हिंदुओं का हित करनेवाले हैं।'' सभा में हिंदुओं की एकता गरज उठी।

''मौलवी मेरे छोटे भाई हैं,'' महानंदी ने कहा, ''और उनकी अत्यंत उदार सहूलियत का ऋण चुकाने के लिए मैं यह निर्णय देता हूँ कि यदि हिंदुओं की ओर से मोपला स्वयंसैनिकों का खर्च चलाने जितना धन स्वेच्छा से नहीं मिला तो उसे हर तरह के उपायों से वसूल कर लेने का अधिकार हमारे मुसलमान बंधुओं को है।''

''मौलवी मेरे छोटे भाई हैं,'' महानंदी ने कहा, ''और उनकी अत्यंत उदार सहूलियत का ऋण चुकाने के लिए मैं यह निर्णय देता हूँ कि यदि हिंदुओं की ओर से मोपला स्वयंसैनिकों का खर्च चलाने जितना धन स्वेच्छा से नहीं मिला तो उसे हर तरह के उपायों से वसूल कर लेने का अधिकार हमारे मुसलमान बंधुओं को है।''

''मंजूर! मंजूर!'' हिंदू लोगों ने कहा।

''महानंदी निस्संदेह महापुरुष हैं।'' मुसलमानों ने कहा।

''महानंदी मेरे बड़े भाई हैं।'' उस शांत मौलवी ने कहा।

''परंतु मेरी यह प्रार्थना है कि इस निर्णय के बारे में हिंदुओं को ठीक से सोचना चाहिए। मुसलमानों को हर उपाय से हिंदुओं से धन वसूल कर लेना चाहिए, इसका अर्थ क्या है? उनके घरों को लूटकर? या उनके जानवरों को बेचकर? या देवमूर्ति को...''

''ऐ काफिर! पकड़ो साले को, गिरा दो,'' कहते हुए मौलवी ऐतखान अपने साथियों के साथ उस पुरुष पर पागल शेर की तरह टूट पड़ा। महानंदी भी क्रोधित से दिखाई दिए और जोर-जोर से बोलनेवाले उस तेजस्वी पुरुष से कहने लगे, ''यह अनत्याचारी लोगों की सभा है। लूटमार का नाम भी यहाँ मत लेना! मुसलमान बंधुओं पर हमारा विश्वास है। वे जो करेंगे, अच्छा ही करेंगे।'' उस भीड़ में भी बिल्कुल न डगमागते हुए उस पुरुष ने कहा, ''जो लूटमार का नाम लेता है वह अत्याचारी है या जो लूटमार करता है वह

अत्याचारी है?'' इस वाक्य से वह शांत बैठा हुआ मौलवी भी क्षुब्ध हुआ। सीताराम चेट्टी ने तो उस मौलवी के भी आगे जाकर उस पुरुष से कहा, ''नीच! हिंदू-मुसलमानों की एकता को बिगाड़ता है। लूटमार का नाम इस सभा में!'' फिर उस पुरुष को जोर से एक ठूँसा लगाकर उसने कहा, ''तुम्हें मालूम नहीं कि हम अनत्याचारी-असहकारितावादी हैं।''

नारायण नंबूदरी ने उस पुरुष को लात मारकर पूछा, ''क्या तुझे पता नहीं कि सीताराम चेट्टी अनत्याचारी हैं?''

तब मौलाना ऐतखान भी वहाँ पहुँचे और उस पुरुष की गरदन कसके पकड़कर जोर से बोले, ''काफिर! क्या तुझे पता नहीं कि नारायण नंबूदरी अनत्याचारी और असहकारितावादी हैं?''

अब तो उस पुरुष की सहनशीलता समाप्त हो गई। उसने अपनी गरदन को जो दब रही थी, मौलाना की पकड़ से किसी तरह छुड़ाया और गुस्से से फड़कती उसकी दाढ़ी को एक हाथ से लपेटकर दूसरे हाथ से उसके मुँह पर जोर से तमाचा मारा। यह देखते ही उसके पीछे खड़ा एक युवक आगे बढ़ा और उसने उस मौलाना को उठाकर धड़ाम से जमीन पर पटक दिया। उसपर उस सभा के अनेक हिंदू उन दोनों पर टूट पड़े और उनपर लाठियाँ बरसाने लगे। वे दोनों लहूलुहान हो गए; लेकिन उन्होंने उस मौलाना को नहीं छोड़ा। थोड़ी देर बाद उन दोनों तथा बाकी लोगों के बीच स्वयं महानंदी खड़े हो गए और सभागृह कुछ शांत हुआ। महानंदी ने आज्ञा दी कि उन दोनों को अत्याचारी

अब तो उस पुरुष की सहनशीलता समाप्त हो गई। उसने अपनी गरदन को जो दब रही थी, मौलाना की पकड़ से किसी तरह छुड़ाया और गुस्से से फड़कती उसकी दाढ़ी को एक हाथ से लपेटकर दूसरे हाथ से उसके मुँह पर जोर से तमाचा मारा। यह देखते ही उसके पीछे खड़ा एक युवक आगे बढ़ा और उसने उस मौलाना को उठाकर धड़ाम से जमीन पर पटक दिया।

बरताव के कारण बाहर कर देना चाहिए।

माधव नायर ने झिझकते हुए कहा, "लेकिन वास्तव में मौलाना ने ही पहले उनपर हमला किया था।"

"चुप रहो!" मौलाना खौलकर बोले, "किसी भी नास्तिक तथा मूर्तिपूजक पर आघात करना हमारा धर्म है। उमर के पहले, अब्बास के पहले, साक्षात् पैगंबर ने कुरान में हुक्म दिया कि पैगंबर पर विश्वास न रखनेवाले मूर्तिपूजक से कभी प्रीति नहीं करनी चाहिए। आघात करना मुसलमानों का प्रण है। लेकिन प्रत्याघात करने की यह जो हिंदुओं ने नई रूढ़ि शुरू की है, वह मुसलमान धर्म का अपमान है। यह सभा काफिरों की है। मैं इसे छोड़कर जाता हूँ, क्योंकि आप सभी उसी व्यक्ति के धर्मवाले हैं। यदि नहीं तो उसे जान से क्यों नहीं मार डालते?"

किसी भी नास्तिक तथा मूर्तिपूजक पर आघात करना हमारा धर्म है। उमर के पहले, अब्बास के पहले, साक्षात् पैगंबर ने कुरान में हुक्म दिया कि पैगंबर पर विश्वास न रखनेवाले मूर्तिपूजक से कभी प्रीति नहीं करनी चाहिए। आघात करना मुसलमानों का प्रण है।

"ठहरिए, मौलानाजी! हम उसे जान से मार देते हैं।" रामचंद्र चेट्टी ने कहा, "पाजी कहीं का! हिंदू-मुसलमानों की एकता बिगाड़ता है। हम अनत्याचारी-असहकारियों को कलंक लगाता है!"

परंतु मौलानाजी की इतनी पिटाई हुई थी कि अब उन दोनों की ओर फिर से ढिठाई से देखने की उनकी हिम्मत नहीं थी। पैर पर पैर रखते और जोर से बड़बड़ाते हुए वे सभा से निकल गए। उनके पीछे-पीछे माला लिये हुए वह मौलवी भी चल पड़ा। परंतु उस व्यक्ति ने उस मौलवी को दरवाजे में ही रोककर पूछा, "क्या? तू कंबू?" कंबू ने कहा, "हाँ! और तू वही मौलवी है जो मुसलमान बनने पर हम थिय्याओं को उन्हीं ब्राह्मण, क्षत्रिय और वैश्यों की लड़कियाँ बाँटनेवाला था।"

□

प्रकरण-4

यह है वह खिलाफत

तिरुरंगाड़ी नामक गाँव की प्रमुख मसजिद में अली मुसेलियर बैठा था। उसके आसपास सैकड़ों मोपलों का समूह बैठा था जिनके हाथ में भाला, तलवार तथा कुछ बंदूकें थीं। कुछ दूरी पर मोपलों की औरतें, बच्चे तथा आदमियों की काफी भीड़ लगी थी और वे सभी 'अल्लाह हो अकबर!' का नारा लगा रहे थे। उनमें से कइयों के बदन पर घाव थे और उनमें से लगातार खून बह रहा था तथा कोई-कोई कराह रहा था। उतावलेपन से अली मुसेलियर ने पूछा, "कासम, काफिरों को लाए कि नहीं? अल्लाह! तुमने इन ईमानदारों को, हम मुसलमानों को पहली विजय दिलाई! तुम्हारे अनंत आभार हैं। इन अंग्रेजों के राज्य के टुकड़े-टुकड़े कर दिए! इस अरनाड़ तालुका में एक भी कचहरी नहीं जहाँ कि गोरा चेहरा दिखता हो! बस! यारो, अंग्रेजों का राज खत्म हो गया। अल्लाह हो अकबर!"

"अल्लाह हो अकबर! यारो, लेकिन असली काम तो आगे है।" वह मौलवी—जो हमसे पहले से परिचित है—बोला, "हम किसलिए इन अंग्रेज पुलिसवालों के लहू में नहाए हैं? खिलाफत के लिए! लेकिन यह अंग्रेजों की पुलिस होती कौन है? देखो इस काफिर का सिर।" कहते हुए उस मौलवी ने अली मुसेलियर के पैरों के पास पड़े हुए सिपाहियों के तीन मुर्दों में से एक का सिर काटकर उसकी चोटी पकड़कर लटकाते हुए कहा, "यह देखो कि अंग्रेजों के सिपाही कौन होते हैं! इस काफिर की औरतों की जैसी यह चोटी देखो। यह दूसरा सिपाही! यह देखो चोटी! यह तीसरा काफिर देखो, यह

देखो चोटी!'' वह उसका भी सिर काटकर उसे चोटी से पकड़ना चाहता था, किंतु उस सिर पर वह बिल्कुल दिखाई नहीं दे रही थी, क्योंकि वह सिपाही मुसलमान था। मौलवी ने फिर भी डाँटकर कहा, ''यह भी हिंदू ही है! ये हिंदू लोग भी अंग्रेजों की तरह हमारे शत्रु ही हैं। ये अंग्रेजों के ही साथ लगे हैं। अंग्रेजों के कहने पर ये मोपलों को तुरंत गोलियाँ मार देते हैं। क्या कोई भी मुसलमान यदि अंग्रेजों के ईश्वर ने भी कहा तो मुसलमानों के खिलाफ लड़ेगा?'' सभा से एक ही आवाज उठी, ''कभी नहीं! मुसलमान सब एक हैं। मुसलमान मुसलमानों के खिलाफ कभी नहीं लड़ा, न लड़ता है।''

सभा के इस शोर को उत्तेजना देते हुए मौलवी ने कहा, ''कभी नहीं! खलीफा जर्मनी की तरफ से होने के कारण सभी मुसलमान अंग्रेजों पर टूट पड़े हैं। अंग्रेजों को तुर्कों के खिलाफ लड़ने के लिए एक भी मुसलमान सिपाही मिल नहीं रहा।''

''एक भी नहीं मिल रहा!'' सभा ने आवाज उठाई।

सभा के इस शोर को उत्तेजना देते हुए मौलवी ने कहा, ''कभी नहीं! खलीफा जर्मनी की तरफ से होने के कारण सभी मुसलमान अंग्रेजों पर टूट पड़े हैं। अंग्रेजों को तुर्कों के खिलाफ लड़ने के लिए एक भी मुसलमान सिपाही मिल नहीं रहा।'' ''एक भी नहीं मिल रहा!'' सभा ने आवाज उठाई।

''अंग्रेजों ने जिन हजारों पठान हिंदुस्थानी मुसलमानों को लड़ाई पर भेजा, उन सभी ने लड़ने से इनकार कर दिया!''

''सभी ने!'' सभा ने गर्जना की।

''जो मुसलमान तुर्कों के खिलाफ लड़ते रहे, समय आने पर तुर्कों के पास भाग गए!''

''सभी भाग गए!'' सभा ने नारा लगाया।

''आखिर अंग्रेजों के शिविर में एक भी मुसलमान नहीं बचा! अंत में अंग्रेजों की पराजय हुई, खलीफा ने इंग्लैंड पर हमला कर दिया।''

"इंग्लैंड पर!" सभा ने गर्जना की।

"राह में जर्मन तुर्क का दोस्त बन जाता; लेकिन वह ईसाई था।" इसपर अनवर पाशा ने कहा, "आज तक तेरी सहायता की; लेकिन अब अगर तू मुसलमान बनेगा तो दोस्ती, नहीं तो आधे मिनट में बर्लिन शहर मिट्टी में मिला दूँगा।" इसपर कैसर ने कहा, "तू कहता है वह सच है। ईश्वर ने ही आज्ञा दी है कि मुसलमान सभी गैर-मुसलमानों से बलवान होंगे! सुरतुल-मुजादिक अध्याय में कुरान ने यह बताया है। तू बर्लिन का नाश मत कर। 'मैं मुसलमान बनूँगा' कहते हुए कैसर मुसलमान बना।"

"कैसर मुसलमान बना!" सभा ने गर्जना की। "और कैसर का उदाहरण देखकर अमेरिका का जार भी मुसलमान हुआ!" "अमरिका का जार भी मुसलमान हुआ!" सभा ने गर्जना की। "और फिर अमेरिका का जार तथा कैसर को दाहिने और बाएँ हाथ रखकर अनवर पाशा ने फ्रांस की मसजिद में नमाज पढ़ी।"

"कैसर मुसलमान बना!" सभा ने गर्जना की।

"और कैसर का उदाहरण देखकर अमेरिका का जार भी मुसलमान हुआ!"

"अमरिका का जार भी मुसलमान हुआ!" सभा ने गर्जना की।

"और फिर अमेरिका का जार तथा कैसर को दाहिने और बाएँ हाथ रखकर अनवर पाशा ने फ्रांस की मसजिद में नमाज पढ़ी।"

"अनवर पाशा ने नमाज पढ़ी! अनवर पाशा धार्मिक मुसलमान है। वह हर रोज शराब पीता हो तो भी चिंता नहीं।" सभा गरज उठी।

"तो अब टोपीवाला सब मुसलमान बना। अब इस दुनिया में केवल यह अंग्रेज तथा अंग्रेज का अन्न खाकर उसकी सेना में हमारे खिलाफ लड़नेवाला हिंदू, ये दो काफिरी नहीं छोड़ते।"

"उन्हें काफिरी छोड़नी चाहिए। अमरिका के जार से तो वे बड़े नहीं।

दाँत तोड़ देंगे!'' सभा ने गर्जना की।

''इसलिए अब मालाबार से अंग्रजों का राज उलथनेवाले वीरो! यह कार्य हाथ में लो।''

इसपर 'अल्लाह हो अकबर! पकड़ो हिंदू को! मारो हिंदू को! मुसलमान बनाओ काफिर को!' ऐसे शब्द एक साथ ललकारे गए। उसी समय कासम ने अली मुसेलियर से कहा, ''हुजूर! वो देखो काफिर पकड़कर लाए जा रहे हैं!'' तब अली मुसेलियर ने उतावलेपन से कहा, ''इधर लाओ उन्हें!'' तुरंत छह शस्त्रधारी मोपलों के पहरे में चार हिंदू अली मुसेलियर के सामने लाकर खड़े कर दिए गए। वे कौन थे?'

इसपर 'अल्लाह हो अकबर! पकड़ो हिंदू को! मारो हिंदू को! मुसलमान बनाओ काफिर को!' ऐसे शब्द एक साथ ललकारे गए। उसी समय कासम ने अली मुसेलियर से कहा, ''हुजूर! वो देखो काफिर पकड़कर लाए जा रहे हैं!'' तब अली मुसेलियर ने उतावलेपन से कहा, ''इधर लाओ उन्हें!''

पहला आदमी महानंदी था। दूसरा माधव नायर। तीसरा रामचेट्टी तथा चौथा नंदी दत्त। जैसाकि कालीकट की सभा में तय हुआ था, ये चारों हिंदू नेता खिलाफत आंदोलन के लिए हिंदुओं से चंदा जमा करने के लिए अरनाड़ तालुका में घूम रहे थे। इतने में तिरुरंगाड़ी में दंगा-फसाद शुरू हुआ और अली मुसेलियर को पकड़ने के लिए सिपाहियों का एक दल सरकार की ओर से भेजा गया। लेकिन मोपला लोग अचानक तलवार लेकर उन सिपाहियों पर टूट पड़े, इसलिए उनमें से कुछ सिपाही मारे गए तो कुछ वापस लौटे। यह समाचार बिजली की तरह फैल गया और जहाँ-तहाँ मोपला लोग विद्रोह कर उठे। एक हफ्ते के अंदर अरनाड़ तालुका सचमुच ही मोपलों के अधिकार में गया। उस तालुका में कोई अंग्रेज अधिकारी नहीं रहा। कोई भी तारघर अथवा सरकारी थाना नहीं रहा। अली मुसेलियर ने अपने आपको मोपलों का प्रमुख सरदार घोषित कर विद्रोह का स्वरूप आगे चलकर कैसा होना चाहिए और विद्रोह के लिए शस्त्र

तथा पैसे कहाँ से लाए जाएँ, यह सोचने के लिए एक सभा बुलाई। हिंदू लोग जो पैसे देनेवाले थे, वे अभी तक क्यों नहीं आए इसका उत्तर पाने के लिए वह इस खिलाफत आंदोलन के लिए चंदा जमा करनेवाले चारों हिंदू नेताओं को बंदी कर सामने ले आया था। उनके वहाँ पहुँचते ही अली ने खौलकर महानंदी से कहा, ''क्यों बे! तुम्हारे हिंदू लोगों ने खिलाफत के लिए अब तक कितने पैसे दिए? देखो, मोपलों के इस धर्मयुद्ध में पूरा खर्चा तुम हिंदुओं को देना पड़ेगा, समझे।''

सरकार! मैं प्रथमतः इस विजय के लिए आपका हार्दिक अभिनंदन करता हूँ। 'हिंदुस्थान में एक साल में स्वराज्य!' कहते हुए हजारों ताविकों ने प्रतिज्ञाएँ कीं, सभाएँ बुलाईं, कपड़ों को जलाया, लेकिन पूरे हिंदुस्थान में एक साल के अंदर यदि किसी ने सचमुच स्वराज्य स्थापित किया है तो वह मोपलों ने! आज दो-तीन तालुकाओं में सचमुच ही अंग्रेजी सत्ता नष्ट हो गई है।

थरथराता हुआ महानंदी चुपचाप खड़ा रहा लेकिन माधव नायर बोला, ''खान साहब!'' तभी उसके सिर पर जोर का एक घूँसा मारकर पहरेदार बोला, ''काफिर! सरकार कहो।'' तब माधव नायर ने कहा, ''सरकार! मैं प्रथमतः इस विजय के लिए आपका हार्दिक अभिनंदन करता हूँ। 'हिंदुस्थान में एक साल में स्वराज्य!' कहते हुए हजारों ताविकों ने प्रतिज्ञाएँ कीं, सभाएँ बुलाईं, कपड़ों को जलाया, लेकिन पूरे हिंदुस्थान में एक साल के अंदर यदि किसी ने सचमुच स्वराज्य स्थापित किया है तो वह मोपलों ने! आज दो-तीन तालुकाओं में सचमुच ही अंग्रेजी सत्ता नष्ट हो गई है। अब हमने जो प्राप्त किया है वह हिंदू-मुसलमानों की एकता के विस्तृत तथा दृढ़ बलबूते पर सबलता से कैसे स्थापित होगा, इस प्रश्न को हमें पहले सुलझाना चाहिए।''

''वह प्रश्न सुलझाने की चिंता तुझे क्यों है?'' मौलवी बीच में बोला।

''न, न! ऐसे कैसे कह सकते हैं? हमारे बंधुओं को अनुकूल किए

बिना हमें यश नहीं प्राप्त होगा। स्वराज्य में हिंदुओं का हिस्सा है ही। खिलाफत आंदोलन के लिए हिंदुओं ने सहायता की, यह सचमुच उनकी उदारता है। वे यद्यपि काफिर हैं फिर भी हम मुसलमानों को उनके साथ न्यायपूर्ण व्यवहार करना चाहिए। स्वयं पैगंबर ने मूर्तिपूजकों के साथ किए स्नेह के करार का पालन किया नहीं था?'' यों गंभीरता से पूछते हुए एक सुशिक्षित दिखनेवाले मुसलमान ने उस सभा से कहा, ''और हे मुसलमान लोगो! हिंदुओं पर जुल्म करके उनकी दुश्मनी अगर तुमने मोल ली तो अंग्रेजों पर कभी भी विजय प्राप्त नहीं कर पाओगे, यह बात ध्यान में रखना। मोपला हैं कितने? मुट्ठी भर।''

इसपर उस सुशिक्षित मुसलमान पर खौलकर मौलवी ने कहा, ''लेकिन ये देखो, मेरे पास जो पत्र हैं! अफगानिस्तान का अमीर साठ हजार की सैन्य शक्ति लेकर कल ही पेशावर पहुँचा है। आज या कल वह लाहौर पहुँचेगा।''

''अल्लाह हो अकबर! अमीर ने दिल्ली काबिज की!'' सभा में यह समाचार फैल गया और जयघोष शुरू हुआ।

मौलवी ने आगे कहा, ''पैगंबर के बारे में कहना हो तो मैं तुझसे पूछता हूँ कि सुरतुल तौबा अध्याय के तिहत्तरवें अयन में क्या कहा है? क्या उसमें ईश्वर का ऐसा वचन नहीं कि हे मुसलमानो, तुम नास्तिक लोगों से, मूर्तिपूजकों से और दंभियों से जिहाद करो और उनपर जुल्म करो, क्योंकि वे जुल्म के पात्र हैं। तू दंभियों में से है, इसलिए तू ऐसा कहता है''

मौलवी ने आगे कहा, ''पैगंबर के बारे में कहना हो तो मैं तुझसे पूछता हूँ कि सुरतुल तौबा अध्याय के तिहत्तरवें अयन में क्या कहा है? क्या उसमें ईश्वर का ऐसा वचन नहीं कि हे मुसलमानो, तुम नास्तिक लोगों से, मूर्तिपूजकों से और दंभियों से जिहाद करो और उनपर जुल्म करो, क्योंकि वे जुल्म के पात्र हैं। तू दंभियों में से है, इसलिए तू ऐसा कहता है। तू मुसलमान ही नहीं; देखो इसकी दाढ़ी भी नहीं है!''

“इसे दाढ़ी भी नहीं! यह मुसलमान ही नहीं! यह हिंदू है, पकड़ो इसे मारो! और उन हिंदुओं को भी।” अत्यंत द्वेषपूर्ण उद्गार निकालते हुए सभा के लोग आगे बढ़ने लगे।

माधव नायर ने फिर से एक बार साहस करते हुए कहा, “स्वराज्य तथा हिंदू-मुसलमानों की एकता के बारे में हम सब कई बार वचनबद्ध हो चुके हैं। तो भी हिंदुओं के पूरी तरह मुसलमानों पर विश्वास रखकर चंदा जमा करना जारी रखने पर भी विद्रोह के अनेक नेता हिंदुओं पर ही अत्याचार करने की साजिश कर रहे हैं! इस सब के कारण हिंदू लोग विद्रोह की सहायता करने में झिझकते हैं, इसमें आश्चर्य नहीं। तथापि हमने दस हजार रुपए खिलाफत के लिए दिए हैं तथा और भी इकट्ठा करेंगे। लेकिन स्वराज्य तथा हिंदू-मुसलमानों की एकता…।”

माधव नायर ने फिर से एक बार साहस करते हुए कहा, “स्वराज्य तथा हिंदू-मुसलमानों की एकता के बारे में हम सब कई बार वचनबद्ध हो चुके हैं। तो भी हिंदुओं के पूरी तरह मुसलमानों पर विश्वास रखकर चंदा जमा करना जारी रखने पर भी विद्रोह के अनेक नेता हिंदुओं पर ही अत्याचार करने की साजिश कर रहे हैं!

“बस करो। काफिर!” अली मुसेलियर ने उतावलेपन से कहा, “इन हिंदुओं का यह ‘लेकिन’ और ‘परंतु’ मरने तक खत्म नहीं होगा। यह व्याख्यानों वाली सभा नहीं है। यहाँ मरने-मारने का बाजार है, एक शब्द में निर्णय। एक घाव में आज्ञा पालन!” उसने एक बार पूरी सभा पर नजर डाली और जोर से बोला, “सुनो, सारे मुसलमानो, एक शब्द में विद्रोह का स्वरूप कैसा हो, वह सुनो! ये हिंदू लोग स्वराज्य, एकता के लिए शोर मचा रहे हैं। मैं सारी दुनिया से कहूँगा कि स्वराज्य यानी खिलाफत राज और हिंदू-मुसलमानों की एकता यानी सभी हिंदुओं का मुसलमान हो जाना। बस्स, एक शब्द भी इसपर किसीने निकाला तो गरदन उड़ा दी जाएगी।”

“स्वराज्य यानी खिलाफत राज! एकता यानी सभी की एक मुसलमान

जाति। अली मुसेलियर की जय! अली मुसेलियर गाजी हैं!'' सभा में हर और धूम मच गई।

''हाँ, चलो।'' अली मुसेलियर ने आगे कहा, ''ऐ महानंदी, बोल एकता के लिए तू मुसलमान बनेगा कि नहीं?''

थरथराते हुए महानंदी ने कहा, ''सभी धर्म एक जैसे हैं। प्रमुख धर्म है अहिंसा…''

तलवार—लहू से सनी तलवार बाहर निकालकर अली मुसेलियर ने कहा, ''ये देखो अहिंसा! भाषण नहीं चाहिए। बोल, मुसलमान बनेगा कि नहीं!''

महानंदी ने कहा, ''बनूँगा—मारो मत! मैं मुसलमान ही हूँ!'' 'मुसलमान नहीं बनूँगा' कहकर आपके मन को दु:ख देना अहिंसा तत्त्व के बिल्कुल विरुद्ध है। इसलिए मैं मुसलमान बनूँगा।''

''हाँ चल, तू माधव नायर! बनता है कि नहीं मुसलमान?''

तलवार—लहू से सनी तलवार बाहर निकालकर अली मुसेलियर ने कहा, ''ये देखो अहिंसा! भाषण नहीं चाहिए। बोल, मुसलमान बनेगा कि नहीं!'' महानंदी ने कहा, ''बनूँगा—मारो मत! मैं मुसलमान ही हूँ!'' 'मुसलमान नहीं बनूँगा' कहकर आपके मन को दु:ख देना अहिंसा तत्त्व के बिल्कुल विरुद्ध है। इसलिए मैं मुसलमान बनूँगा।''

पूरी शक्ति इकट्ठी करके माधव नायर बोला, ''नहीं बनता, जा!''

''मारो! मारो!'' एकदम से शोर हुआ। हर मोपला काफिर को पहले मारने का गौरव और सम्मान प्राप्त कर लेने के लिए तलवार लेकर नायर पर टूट पड़ा। बीस-पच्चीस तलवारें एक साथ बदन पर पड़ने से माधव नायर के टुकड़े-टुकड़े होकर नीचे गिरे। हत्या करनेवालों के बदन खून से भीग गए।

अली मुसेलियर ने कहा, ''या अल्लाह! तुम्हारी दिलाई विजय के लिए काफिर के खून का यह पहला बलिदान मंजूर करें।''

''पहला नहीं! पहला नहीं!'' कहकर शोर मचाते हुए दस मोपलों

की टोली वहाँ आ पहुँची और कहने लगी, "हम मलापुर के लोग हैं। हमने अपने गाँव के सभी हिंदुओं को भ्रष्ट किया और जो धर्मांतरित नहीं हुए उनको मार डाला। आपके विद्रोह के आह्वान से पहले ही हमने गुप्त साजिश कर रखी थी!"

"अल्लाह हो अकबर! मलापुर गाँव पूरा मुसलमान हो गया।" सभा ने गर्जना की, "और मलापुर में काफिरों का बीज तक न रहा!" और एक के पीछे एक टोलियाँ वहाँ आती रहीं, अपने-अपने पराक्रम की घोषणा करती रहीं तथा सभा में उनकी प्रतिध्वनि धूम मचाती रही।

"अल्लाह हो अकबर! मलापुर गाँव पूरा मुसलमान हो गया।" सभा ने गर्जना की, "और मलापुर में काफिरों का बीज तक न रहा!" और एक के पीछे एक टोलियाँ वहाँ आती रहीं, अपने-अपने पराक्रम की घोषणा करती रहीं तथा सभा में उनकी प्रतिध्वनि धूम मचाती रही।

"बस!" मौलवी ने कहा, "बस! अब राजसभा विसर्जित हो रही है। बाकी समाचार और काम पर कल सोच-विचार किया जाएगा। तब तक ऐ ईमानदारो! जाओ, दसों दिशाओ में जाओ! गाँव-गाँव गिनकर जितने हिंदू मिलें उतनों को मुसलमान बनाओ। जो नहीं बनेगा, उसे हमारे पास लेकर आओ। नहीं आएगा तो तुम उन्हें वहीं जान से मार दो! आज से हमारे इस मालाबार के खिलाफत राज्य में अन्याय का या अधर्म का कृत्य कोई भी न करे ऐसी सख्त आज्ञा मैं दे रहा हूँ। मूर्तिपूजा, कुरान को न मानना और मोपलों ने यह जो धर्मयुद्ध पुकारा है, उसे अपना सबकुछ न देना, ये तीन महापाप जो भी करेंगे, उनके लिए इस लोक में इसी क्षण वध तथा परलोक में नरकाग्नि रखी हुई है। मालाबार में मुसलमानों का राज स्थापित हुआ है। इस राज में केवल पापभीरु लोग ही रह सकते हैं। तो जाओ, काफिरों को पकड़-पकड़कर मुसलमान बनाओ। नहीं तो मार डालो। उनकी संपत्ति तुम्हारी है। उनकी स्त्रियाँ तुम्हारी हैं। स्वेच्छा से देंगे तो लेना, नहीं तो जबरन ले जाओ।"

"मारो! लूटो! बलात्कार! इस राज्य में केवल पुण्यशील तथा पापभीरु लोग ही रहते हैं।" सभा ने सहस्र कंठों से गर्जना की।

यह शाम की वेला थी। किसीने घास-पात, किसीने मशालें जलाई थीं। कोई पूरब में तो कोई पश्चिम में भाग रहा था। ये हजारों मोपला दसों दिशाओं में हिंदुओं का शिकार करते हुए ऐसे भाग रहे थे मानो उनमें शैतान घुस गया हो। "जाओ! दसों दिशाओं में जाओ!" मौलवी चिल्ला ही रहा था।

यही हैं वे शब्द! किसी एक काल में इस भारतभूमि में बोधिवृक्ष की शीतल छाया के तले बुद्धत्व प्राप्त करके गौतम ने पूरी दुनिया के भूतमात्र की दया से द्रवित होकर यही शब्द उच्चारे थे कि 'भिक्षुओ! जाओ, दसों दिशाओं में जाओ और अमृतत्व का यह शीतल संदेश देकर भयतप्त जीवों को शांति प्रदान करो!'

यही हैं वे शब्द! किसी एक काल में इस भारतभूमि में बोधिवृक्ष की शीतल छाया के तले बुद्धत्व प्राप्त करके गौतम ने पूरी दुनिया के भूतमात्र की दया से द्रवित होकर यही शब्द उच्चारे थे कि 'भिक्षुओ! जाओ, दसों दिशाओं में जाओ और अमृतत्व का यह शीतल संदेश देकर भयतप्त जीवों को शांति प्रदान करो!'

वही शब्द यह मौलवी मुसलमानों से कह रहा है लेकिन कहाँ उस 'भिक्षु' का वह जाना और कहाँ इस 'ईमानदार' का यह जाना!!

□

प्रकरण-5

हरिहर शास्त्री ने तलवार उठाई

अब रात के बारह बजे होंगे। कुट्टम गाँव के नारियल-सुपारी के सुंदर वन में सभी ओर शांति थी। उस शांति के पलने में सुमति ऐसी गहरी नींद ले रही थी, जैसे कोई अल्हड़ बच्चा सोता है। उसके बालों की कोई लट कभी-कभी हवा के झोंके से उसके माथे पर मँडराती थी, कभी-कभी रुककर साँस छोड़ते समय उसका पल्लू जावानी से मस्त गज के गंडस्थल की तरह शोभायमान उसके वक्षस्थल पर जरा सा हिल रहा था। अभी-अभी निकले हुए चंद्र की एक चाटु किरन बकुल वृक्ष की छाँव में छिपकर किसी मुँदे कमल की भाँति सुंदर दीखनेवाले उसके निद्रित मुख को देख रही थी।

श्रीरंग के मंदिर में भी सभी ओर शांति थी। केवल एक दीप जल रहा था। बारह बजे थे, इसलिए अर्धनिद्रा में ही झूमते हुए पहरेदार ने मंदिर की घड़ी की घंटी बजाई और वह फिर से सो गया।

फिर आधा घंटा बीता-न-बीता होगा, उस मंदिर की पौड़ियों से लगभग सौ फीट के फासले पर एक जवान आदमी आया और उसने वहाँ के विशाल बरगद के नीचे सोए हुए लोगों में से एक को हिलाकर जगाया और कहा, "कंबू! वे आए, उठो!" झट से उठकर सावधान होते हुए कंबू ने कहा, "कहाँ तक आए? कितने हैं? हथियार कौन से हैं, दामू!"

"लगभग सौ लोग होंगे। हथियार नहीं दिखाई दिए। वे ठीक ब्राह्मणवन की ओर जा रहे हैं।"

"तो चलो, श्रीरंग! हम हिंदुओं की रक्षा करें।" कहते हुए कंबू ने

उसके जो लगभग बीस-एक साथी वहाँ सोए थे, उन्हें जगाया और वे अपनी लाठियाँ, भाले, तलवार आदि सँभालकर ब्राह्मणवन की आरे निकल पड़े। ब्राह्मणवन की ओर आने पर उन्होंने देखा कि हरिहर शास्त्री तीन-चार ब्राह्मण युवकों के साथ संकल्पित वृक्ष के नीचे बैठे थे। उन्हें देखते ही खिन्न होकर कंबू ने कहा, ''ये क्या शास्त्रीजी! तीन-चार ही लोग कैसे?''

शास्त्रीजी ने कहा, ''कंबू, मैं और अधिक कहाँ से लाता? पहले तो मेरे कहने पर कोई विश्वास ही नहीं कर रहा था कि मोपलों का विद्रोह होनेवाला है। उसमें भी कई लोगों ने कहा कि 'हमारे घर कौन आएगा? मंदिर में आए तो श्रीरंग म्लेच्छों की खबर लेने में समर्थ हैं! भगवान् की रक्षा हम मानव भला क्या करेंगे?' ऐसे लोगों को समझाने में समय न बिताते हुए मैं जो भी चार-पाँच स्वयंसेवक मिले उन्हें लेकर आया हूँ।''

शास्त्रीजी ने कहा, ''कंबू, मैं और अधिक कहाँ से लाता? पहले तो मेरे कहने पर कोई विश्वास ही नहीं कर रहा था कि मोपलों का विद्रोह होनेवाला है। उसमें भी कई लोगों ने कहा कि 'हमारे घर कौन आएगा? मंदिर में आए तो श्रीरंग म्लेच्छों की खबर लेने में समर्थ हैं! भगवान् की रक्षा हम मानव भला क्या करेंगे?' ऐसे लोगों को समझाने में समय न बिताते हुए मैं जो भी चार-पाँच स्वयंसेवक मिले उन्हें लेकर आया हूँ।''

''ठीक है,'' निराशा दबाकर कंबू ने कहा, ''जो हैं सो हैं। शत्रु चढ़ाई करने आया है। उनका रुख आपकी कन्या की ओर है। मौलवी ने उसे अपने खुद के लिए निश्चित किया है। ऐसे अधीर मत होना। जब तक मेरी जान में जान है तब तक मैं उसकी रक्षा करूँगा।''

''और मैं—दामोदर।'' वह युवा थिय्या बोला। उतने में उस वन के उसी ओर मोपलों की वह टोली पास आई। उसे थोड़ी देर रोककर मौलवी ने कहा, ''मुसलमानो, आज तीन दिन तक करीब-करीब दस गाँव हमने निर्वीर

किए होंगे; जहाँ-जहाँ गए वहाँ-वहाँ एक 'अल्लाह हो अकबर!' के नारे से काफिरों को भयभीत किया, क्योंकि वे सारे असंगठित थे। ईश्वर ने तुम्हें तुम्हारे सारे पापों के लिए क्षमा किया है, क्योंकि तुमने पिछले तीन दिनों में महान् पुण्यकर्म किए; कम-से-कम छह सौ घरों में आग लगा दी, सैकड़ों काफिरों को मुसलमान बनाया, मूर्तियों को उलटी करके उनपर पेशाब किया, उनपर थूका। ईश्वर ने तुम्हें इसके लिए पारितोषिक दिए, स्वर्ग में काले नेत्रोंवाली अप्सराएँ मिलेंगी—कुरान शरीफ ऐसा कहता है—लेकिन इस लोक में तीन दिन से इतनी सुंदर काले नेत्रोंवाली स्त्रियाँ जो भोगने को मिलीं उससे भोगने की हमारी शक्ति ही कम पड़ गई। धन तो हर धर्मयोद्धा को इतना हासिल हुआ कि पीठ पर ले नहीं जाया जाता। लेकिन अब उन सभी सुखों के लिए ईश्वर के हम सचमुच ही कृतज्ञ हैं या नहीं, यह देखने की, असली परीक्षा की घड़ी आई है। इस गाँव में तुम्हें पिछले सभी गाँवों से ज्यादा जूझना पड़ेगा, क्योंकि शैतान खुद यहाँ के कंबू थिय्या नामक व्यक्ति के अंदर घुसा है। मैंने स्वयं उसे उसके अंदर घुसते हुए देखा। या अल्लाह! तू तो जानता है मैं क्या कह रहा हूँ। अल्लाह समर्थ है। इसलिए इस गाँव में हमें चुपचाप छापा मारकर ही कार्य करना चाहिए। ध्यान रखना कि ब्राह्मणों के इस वन में हर एक घर में पूरे मालाबार में दुर्लभ दस-दस पाँच-पाँच सुंदर लड़कियाँ भरी हैं। मैंने तो वहाँ मोपलों के जो चार घर हैं उन्हें भी अपनी तरफ कर लिया है। वे प्राय: वहीं कहीं आकर मिल जाएँगे। कंबू की टोली को धोखा देने की मैंने ऐसी तरकीब निकाली है कि ब्राह्मणवन में हमें कोई बाधा आई तो उन थिय्याओं की महारबस्ती में तुरंत आग लगाई जाए। इससे कंबू

ईश्वर ने तुम्हें इसके लिए पारितोषिक दिए, स्वर्ग में काले नेत्रोंवाली अप्सराएँ मिलेंगी—कुरान शरीफ ऐसा कहता है—लेकिन इस लोक में तीन दिन से इतनी सुंदर काले नेत्रोंवाली स्त्रियाँ जो भोगने को मिलीं उससे भोगने की हमारी शक्ति ही कम पड़ गई। धन तो हर धर्मयोद्धा को इतना हासिल हुआ कि पीठ पर ले नहीं जाया जाता।

के साथी अपने घर की रक्षा करने के लिए वहाँ चले जाएँगे और ये ब्राह्मण और नायर अकेले रह जाएँगे।''

''लेकिन उस गाँव में अगर इतना विरोध होने की आशंका है तो हम अगले गाँव में क्यों न चले जाएँ। सहजता से धर्म का प्रसारण और धन तथा यश जहाँ होता हो वह छोड़कर कठिनाइयों में क्यों पड़ें ?'' दो-चार धर्मवीरों ने सहमते हुए कहा।

''लेकिन इस गाँव के ब्राह्मण और नायरों की स्त्रियों जैसी सुंदर स्त्रियाँ अन्य गाँवों में कहाँ मिलेंगी? मुसलमानों को धर्म के लिए संकटों को सहना ही चाहिए।'' मौलवी ने गुस्से से कहा। वह यह कह ही रहा था कि उस मुसलमान टोली पर कंबू थिय्या की टोली का कड़ा हमला हुआ। अचानक बड़ा शोर मचा। कंबू को जो समाचार मिला था, मोपलों की संख्या उससे कहीं अधिक थी। वे कम-से-कम दो सौ तक होंगे। परंतु कंबू ने पहले हमले में ही उनपर ऐसी धाक जमाई कि मौलवी के लोगों में भगदड़ मच गई और वह पीछे हट गया। परंतु पूर्वसंकेत के अनुसार मौलवी के लोगों ने उसी समय महारबस्ती में आग लगा दी। तब उस भयानक आग की लपटें देखकर तथा बेचारे महारों के घर के निद्रित लोगों का हो-हल्ला सुनकर थिय्याओं के कुछ लोग कंबू की बात न मानते हुए अपने-अपने घरों की रक्षा करने दौड़ पड़े। मौलवी ने उसी समय अचानक ऐसा आभास किया जैसे उनका रुख ब्राह्मणों के घरों पर न होकर श्रीरंग के मंदिर पर है और मुसलमानों की बड़ी टोली उस मंदिर पर टूट पड़ी। यह देखते ही, अपने घर-बार की रक्षा करने की अपेक्षा अपने मंदिर की

''लेकिन इस गाँव के ब्राह्मण और नायरों की स्त्रियों जैसी सुंदर स्त्रियाँ अन्य गाँवों में कहाँ मिलेंगी? मुसलमानों को धर्म के लिए संकटों को सहना ही चाहिए।'' मौलवी ने गुस्से से कहा। वह यह कह ही रहा था कि उस मुसलमान टोली पर कंबू थिय्या की टोली का कड़ा हमला हुआ। अचानक बड़ा शोर मचा।

रक्षा करना ही श्रेयस्कर है, ऐसा बताने पर भी जो थिय्या लोग उसे छोड़कर गए उनकी परवाह न करते हुए कंबू अपने पास के दस-पंद्रह लोगों के साथ श्रीरंग के दरवाजे में जा खड़ा हुआ। किंतु उसके साथ उसका विश्वासपात्र दामोदर नहीं था, उसे उसने उस निष्पाप तथा निर्व्याज मनोहर कुमारिका की रक्षा के लिए भेज दिया था।

देखते-ही-देखते कुट्टम गाँव में अचानक प्रलय आ गई। उस गाँव में रहनेवाले चार-पाँच मोपलों के घरों में छिपाकर रखे हुए शस्त्रास्त्र वहाँ की मोपला औरतें मुसलमानों को बाँटती हुई दिखाई दे रही थीं। एक बूढ़ी मोपला औरत हाथ में जलती हुई घास तथा मिट्टी के तेल का डिब्बा लेकर हिंदुओं के घरों में आग लगाती भाग रही थी। हिंदुओं में कोई जल गया, कोई मारा गया। वहीं कंबू अपने थोड़े से लोगों के साथ श्रीरंग के दरवाजे पर लड़ रहा था। जहाँ-तहाँ आग, चीखें तथा असावधान अवस्था में संकट आने पर जनता की जो भयानक अवस्था होती है, वह दिखाई दे रही थी। मुसलमानों ने अब मंदिर पर जोरदार हमला किया था, लेकिन उनमें मौलवी नहीं था।

देखते-ही-देखते कुट्टम गाँव में अचानक प्रलय आ गई। उस गाँव में रहनेवाले चार-पाँच मोपलों के घरों में छिपाकर रखे हुए शस्त्रास्त्र वहाँ की मोपला औरतें मुसलमानों को बाँटती हुई दिखाई दे रही थीं। एक बूढ़ी मोपला औरत हाथ में जलती हुई घास तथा मिट्टी के तेल का डिब्बा लेकर हिंदुओं के घरों में आग लगाती भाग रही थी।

वह चुनिंदा लोगों को लेकर श्रीरंग की उस मूर्ति से भी अधिक मोहक, आँखों को अत्यंत आकर्षित करनेवाली तथा हृदय को लुभानेवाली दूसरी मूर्तियों को भग्न करने के लिए वहाँ उस ब्राह्मणागार में उस कुमारिका के शय्यागृह की ओर जा रहा था।

उसके पहले ही दामोदर थिय्या ब्राह्मणवन में आया था। उस वन के पास हिंदू-मुसलमानों का जो पहला संघर्ष हुआ और जिसमें मुसलमानों को

पीछे हटना पड़ा, उस शोरगुल से ब्राह्मणवन के कई लोग चौंककर उठ गए थे। उन सभी को एकत्रित करते हुए तथा मुसलमानों के पीछे हटने के कारण समय का लाभ उठाते हुए वे जो इधर-उधर चले गए थे, उस वन की सुरक्षा में कुछ संगठित प्रयत्न करने के लिए हरिहर शास्त्रीजी तथा दामू उन्हें उत्तेजित करने लगे। रामशास्त्री, चिंतामणि तथा बाकी ब्राह्मण अपने-अपने घरों में से जो हथियार मिले, उन्हें लेकर बाहर निकले। उन बहुतेरों को इस बात का बहुत दु:ख था कि वे तभी सावधान नहीं हुए जब कंबू ने कहा था।

लेकिन स्थूलेश्वर शास्त्री अब भी आशंकित थे। उन्हें एक भयानक आशंका भी होने लगी थी। कंबू थिय्या कहीं मुसलमानों से ही मिला हुआ तो नहीं! उन्होंने जब यह कहा तब बहुतेरों ने गुस्से से कहा, "समझिए मिला। ये मोपला लोग छापा डाल रहे हैं! तुम्हारे मंदिर, तुम्हारी स्त्रियाँ, तुम्हारा धर्म किसी के भी जरिए क्यों न हो—भ्रष्ट हो रहे हैं, उनकी रक्षा करो, बस!"

लेकिन स्थूलेश्वर शास्त्री अब भी आशंकित थे। उन्हें एक भयानक आशंका भी होने लगी थी। कंबू थिय्या कहीं मुसलमानों से ही मिला हुआ तो नहीं! उन्होंने जब यह कहा तब बहुतेरों ने गुस्से से कहा, "समझिए मिला। ये मोपला लोग छापा डाल रहे हैं! तुम्हारे मंदिर, तुम्हारी स्त्रियाँ, तुम्हारा धर्म किसी के भी जरिए क्यों न हो— भ्रष्ट हो रहे हैं, उनकी रक्षा करो, बस!"

"रक्षा!" गुस्से से स्थूलेश्वर शास्त्री ने कहा, "हरिजनों को ब्राह्मणों की गली में ले आए, उनकी छाया तुमने ले ली, उनके कंधों से कंधा लगाया! अब तुम्हारा धर्म रहा कहाँ, जो मैं उसकी रक्षा करूँ? लेकिन ये कौन? अरे, यह उस हरिजन का लौंडा! दाम्या, तू यहाँ मेरे आँगन में! समाप्त हो गया धर्म! इससे तो मुसलमान ही यहाँ आ जाते तो कौन सा अधिक भ्रष्टाचार हो जाता?"

"शांत हो जाइए, स्थूलेश्वर!" चिंतामणि ने कहा, "स्मृति में लिखा है कि आपातकाल में छुआछूत नहीं माननी चाहिए। उसपर यह शूर थिय्या

युवक केवल हिंदुत्व के अभिमान से यहाँ लड़ रहा है।''

''लेकिन वह आपातकाल पुराण रहने भी दो!'' हरिहर शास्त्री ने गुस्से से कहा, ''वह हिंदू है इसलिए उसे मेरे घर में आना चाहिए। वह अभी धर्मवीर की तरह लड़ा, इसलिए मैं उसके चरणों में वंदन करता हूँ। उसका यहाँ आना तथा मुसलमानों का ब्राह्मणवन में आना क्या समान भ्रष्टाकारी है ? हाय, हाय, थोड़ी ही देर में यह सिद्ध होगा! वह थिय्या हरिजन या माँग यहाँ हाथ में तलवार पकड़े हिंदू-धर्म की रक्षा के लिए आया है। वह तुम्हारे आँगन में खड़ा है, तब भी भगवान् की मूर्तियाँ घर के मंदिरों में हैं, अग्नि अग्निकुंड में हैं, यज्ञोपवीत गले में है, प्राण शरीर में है। जरा रुकिए। संगठन के बिना ऐसे ही रुकिए और वह देखिए कि मुसलमान आ ही गए। देखो-देखो, फिर भगवान् की मूर्ति, अग्नि, यज्ञोपवीत, तुम्हारी स्त्रियाँ और वेदों की तुम्हारी पोथियाँ इन सबकी क्या हालत होगी; और कर लो आशंका का निराकरण कि महार और माँग एक ही हैं या दो?''

गुस्से से हरिहर शास्त्री ऐसा कह ही रहे थे कि मौलवी की टोली वन के पास आ पहुँची। अब उन्हें मोपलों के घरों में पहले से ही छिपाकर रखी हुई कुछ बंदूकें तथा दो पिस्तौल मिले थे और कंबू की टोली से कुछ लोगों के मंदिर की रक्षा के लिए तथा कुछ के हरिजन बस्ती की ओर जाने के कारण उनमें फूट पड़ी थी। मौलवी ब्राह्मणवन के पास आते ही खुलेआम चिल्लाया, ''मारो काफिरों को!'' उसके पीछे-पीछे भागते चली आई बुढ़िया ने अपनी घास जलाई और ब्राह्मणवन के पास

गुस्से से हरिहर शास्त्री ऐसा कह ही रहे थे कि मौलवी की टोली वन के पास आ पहुँची। अब उन्हें मोपलों के घरों में पहले से ही छिपाकर रखी हुई कुछ बंदूकें तथा दो पिस्तौल मिले थे और कंबू की टोली से कुछ लोगों के मंदिर की रक्षा के लिए तथा कुछ के हरिजन बस्ती की ओर जाने के कारण उनमें फूट पड़ी थी। मौलवी ब्राह्मणवन के पास आते ही खुलेआम चिल्लाया, ''मारो काफिरों को!''

दो-तीन नायरों के घर तथा घास की टाल को आग लगा दी। एक ढोल भी जोर-जोर से बजने लगा 'मारो काफिरों को!' हरिहर शास्त्री ने सुमति को कंबू के समाचार के बारे में कुछ विशेष ज़ानकारी नहीं दी थी। वह रोज की तरह जैसाकि हमने अभी देखा था, गहरी नींद में सोई थी। चंद्रमा का प्रकाश उसके मुख को निर्भयता से देख लेने के बाद ढिठाई से नीचे खिसककर अब उसके शंख जैसे सुंदर कंठ में हार की तरह शोभायमान था। उसका वह साहस चंद्रहार की भाँति मनोहर दिखने के लिए उसके वक्षस्थल पर भी उतरेगा, इस भय से शायद बीच-बीच में हवा की लहर के हवाई जहाज में बैठ उसका वह किंचित् हिलनेवाला पल्लू उस चंद्रप्रकाश पर हमला कर रहा था। सुमति गहरी नींद में उसी तरह सोई थी। तब तक तो उस ब्राह्मणवन के दूर के सिरे पर पहला संघर्ष नहीं हुआ था। उस संघर्ष के दूर के कोलाहल से उसकी नींद जरा सी ढल गई। सपने में उसे लगा कि संस्कृत श्लोकों की अंत्याक्षरी खेलते-खेलते कालिदास का एक श्लोक बोलकर उसके भैया ने फिर से उपनिषद् का एक श्लोक बोला और उलटा फिर लड़ने लगा। वह फिर जरा सी सोई। थोड़ी देर बाद फिर जोर से शोरगुल होने के कारण वह एकदम चौंककर उठी। आँखें खोलीं तो सामने वह थिय्या युवक खड़ा था। एक क्षण उसे लगा कि वह सपने में है तथा उस दिन जब बगीचे में फूल तोड़ ही रही थी, उस समय का सपना अभी तक देख रही है; लेकिन दूसरे ही क्षण उसने उस दृश्य की भयानक वास्तविकता समझी। उसके पिता ने अत्यंत अस्वस्थ

चंद्रमा का प्रकाश उसके मुख को निर्भयता से देख लेने के बाद ढिठाई से नीचे खिसककर अब उसके शंख जैसे सुंदर कंठ में हार की तरह शोभायमान था। उसका वह साहस चंद्रहार की भाँति मनोहर दिखने के लिए उसके वक्षस्थल पर भी उतरेगा, इस भय से शायद बीच-बीच में हवा की लहर के हवाई जहाज में बैठ उसका वह किंचित् हिलनेवाला पल्लू उस चंद्रप्रकाश पर हमला कर रहा था।

मुद्रा में कहा, ‘‘बेटा सुमति, जाग जाओ, डरना नहीं। देखो, हमारे ब्राह्मणवन में क्रूर लुटेरों का भारी हमला हो रहा है…।’’ यह वाक्य आधा सुनते ही उसका चेहरा एकदम तन गया। उसे शक हुआ कि यह लुटेरा उसी टोली का होगा। वह उस युवा थिय्या को ही दोषी समझकर देखने लगी। उसके पिता ने फिर कहा, ‘‘ऐसी स्थिति में तेरी रक्षा का यही एक उपाय मुझे दिखता है कि तू अभी तुरंत यहाँ से निकलकर किसी मार्ग से अपने मामा के गाँव चली जा। तेरी रक्षा के लिए तेरा भाई और मेरा यह विश्वस्त युवक थिय्या दामोदर जा रहा है।’’ यह सुनते ही उस संकटमय स्थिति में भी उसके चेहरे पर संतोष की एक रेखा दिखाई दी, क्योंकि ऐसी सुंदर आकृति के हाथ से दुष्ट कृत्य नहीं किया जाएगा। यह स्वभाव, सहज मूर्ख तर्क फिर से एक बार सच हुआ जब उसे पता चला कि युवा दामोदर चोर नहीं बल्कि उसका रक्षक बनने जितना विश्वासी है। अचानक सुना हुआ वह भयानक समाचार उसके ध्यान में पूरी तरह उतरने से पहले ही उसके बाप ने कहा, ‘‘हाँ, उठो बेटी, उठो! पागल है बिटिया! इसे अभी कुछ समझ नहीं।’’

‘‘ऐसी स्थिति में तेरी रक्षा का यही एक उपाय मुझे दिखता है कि तू अभी तुरंत यहाँ से निकलकर किसी मार्ग से अपने मामा के गाँव चली जा। तेरी रक्षा के लिए तेरा भाई और मेरा यह विश्वस्त युवक थिय्या दामोदर जा रहा है।’’ यह सुनते ही उस संकटमय स्थिति में भी उसके चेहरे पर संतोष की एक रेखा दिखाई दी, क्योंकि ऐसी सुंदर आकृति के हाथ से दुष्ट कृत्य नहीं किया जाएगा।

वहाँ ढोल का, आग की चड़चड़ का शोर और भी पास सुनाई देने लगा। जल्दी से उसके बाप ने, भाई ने और उस थिय्या युवक ने उसे शत्रु की तरह खींचकर पुरुषों का लंबा कुरता तथा टोपी पहनाकर पिछले दरवाजे से वन में निकाल दिया। हरिहर शास्त्री सामनेवाले दरवाजे तक पहुँचे ही थे कि मौलवी के लोग दस फीट पर आ गए थे। शास्त्रीजी का घर देखते ही मौलवी ने कहा, ‘‘यही है, यही वह काफिर है। पकड़ो, मारो मत, पकड़ो।’’ मोपला बंदूक

चलाते हुए शास्त्रीजी के घर पर चढ़ाई करने आए। बंदूकों की आवाजें सुनते ही आसपास के घरों में लोग छिपने लगे, जो नि:शस्त्र होने के कारण घायल हो गए थे। हरिहर शास्त्री ने भी दरवाजे बंद कर अंदर से पूछा, ''मौलवी, आपको क्या चाहिए? हम निरपराध ब्राह्मणों के घरों पर आप हमला क्यों कर रहे हैं? मोपला लोग अंग्रेजों के खिलाफ विद्रोह कर उठे थे, वे नाहक हमपर क्यों शस्त्र उठा रहे हैं?'' मौलवी ने कहा, ''तुम अगर अपने पास का सारा धन हमें दे दो, और घर के सभी लोगों के साथ मुसलमान बनो तो हम तुम्हें अपना समझेंगे। इतना ही नहीं, अपितु तुम्हारी उस सुंदर बेटी से मैं शादी करके तुम्हें इस खिलाफत राज्य में सम्मानित अधिकारी बनाऊँगा।'' उसके ये शब्द हलाहल की तरह झेलते हुए शास्त्रीजी ने कहा, ''आज का दिन आप हमें इस बात पर विचार करने के लिए देंगे तो कल हम आपकी बात मानेंगे। मेरी बेटी बीमार है, वह यदि आपकी इस उद्दंडता से घबड़ा गई तो उसकी बीमारी असह्य होगी।'' मौलवी ने कहा, ''मैं अकेला अंदर आता हूँ; दरवाजा खोल दो।'' ''लेकिन आप मुझे धोखा तो नहीं देंगे?'' ''हमारी शक्ति देखो! तुमने अगर दरवाजा नहीं खोला तो उसे तोड़कर हम अंदर आ सकते हैं। लेकिन एक बार जो मुसलमान बन जाएँगे उन्हें तकलीफ न देना हमारा धर्म होगा, और फिर अगर तुम हमें अपनी बेटी दोगे तो हम भला तुम्हें धोखा क्यों देंगे।'' ''परंतु आज अगर आप हमें छोड़कर जाएँगे तो कल मैं सभी ब्राह्मणों से मुसलमान बनने की आग्रहपूर्वक विनती करूँगा, और वे बनेंगे भी। इसलिए

हरिहर शास्त्री ने भी दरवाजे बंद कर अंदर से पूछा, ''मौलवी, आपको क्या चाहिए? हम निरपराध ब्राह्मणों के घरों पर आप हमला क्यों कर रहे हैं? मोपला लोग अंग्रेजों के खिलाफ विद्रोह कर उठे थे, वे नाहक हमपर क्यों शस्त्र उठा रहे हैं?'' मौलवी ने कहा, ''तुम अगर अपने पास का सारा धन हमें दे दो, और घर के सभी लोगों के साथ मुसलमान बनो तो हम तुम्हें अपना समझेंगे।''

आज के दिन लौट जाओ।" "न! न! ऐसा नहीं हो सकता। सीधी तरह से दरवाजा खोलता है कि घर को आग लगा दूँ? यह पूछने की सहूलियत भी, बकरे, तेरे लिए नहीं है, बल्कि तेरी उस कोमल अप्सरा के लिए है।" "और अप्सरा जैसी बेटी की रक्षा के लिए जब तक मेरे प्राण हैं तब तक मैं लड़े बिना नहीं रहूँगा। सुमति, क्या दरवाजा खोल दूँ? क्या कहा, नहीं खोलूँ? बस तो फिर मैं नहीं खोलता, जाओ।"

हरिहर शास्त्री सुमति को जोर से आवाज देने का बहाना करते हुए ये वाक्य बोलते रहे। उनके इस बहाने का इष्ट परिणाम भी हुआ। मौलवी ने सोचा कि सुमति अंदर है तो आग न लगाते हुए काम करवा लेना चाहिए; इसलिए उसने दरवाजा तोड़ने की आज्ञा दी। अगले ही क्षण किसीने खिड़कियों पर, किसीने खपरैल पर चढ़कर तो किसीने दरवाजे पर कुल्हाड़ी के आघात करते हुए आक्रमण किया। सुमति को भाग जाने के लिए समय मिल जाए इसलिए जितना हो सके, कालहरण करके जब बिल्कुल ही निरुपाय हुआ तब हरिहर शास्त्री अपने अग्निकुंड के सामनेवाले दरवाजे के पास तलवार लेकर दरवाजा बंद कर बैठे रहे। उस दरवाजे पर भी कुल्हाड़ियाँ पड़ीं। जो मुसलमान पहले अंदर घुसा उसे उस शूर ब्राह्मण ने तलवार से काट दिया। दूसरा मोपला भीड़ में ही अंदर घुसा तो उसे भी काट दिया। तब भारी शोर मचाकर मोपला पीछे हट गए। तब उस बुढ़िया ने आगे बढ़कर कहा, "मैं आग लगा देती हूँ इस घर को! अभी वह गद्दार तड़पकर बाहर आएगा।" लेकिन उसे समझाते

हरिहर शास्त्री सुमति को जोर से आवाज देने का बहाना करते हुए ये वाक्य बोलते रहे। उनके इस बहाने का इष्ट परिणाम भी हुआ। मौलवी ने सोचा कि सुमति अंदर है तो आग न लगाते हुए काम करवा लेना चाहिए; इसलिए उसने दरवाजा तोड़ने की आज्ञा दी। अगले ही क्षण किसीने खिड़कियों पर, किसीने खपरैल पर चढ़कर तो किसीने दरवाजे पर कुल्हाड़ी के आघात करते हुए आक्रमण किया।

हुए मौलवी ने कहा, "नहीं बुढ़िया, ऐसा नहीं। इन हिंदू लोगों में कभी-कभी वीरता शेर की तरह घुस जाती है। प्राय: यह ब्राह्मण अपनी बेटी को साथ लेकर इस घर में लड़ रहा होगा। आग लगा दी तो वे जिंदा जलेंगे, लेकिन अपने हाथ नहीं आएँगे। घर तोड़ना-फोड़ना ही चाहिए।"

अब तक उस ब्राह्मण के घर में मोपला फैले थे। मशालें लेकर लूटमार करते हुए वे सुमति को ढूँढ़ रहे थे। केवल वह अग्नि-आगार जो पूरी तरह गिरा नहीं था, अब वह भी गिर गया। खपरैल से मोपला अंदर उतर गए। अँधेरे में उनमें से दो लोगों को मारकर पिछले दरवाजे से हरिहर शास्त्री खिसकने ही वाले थे कि खुद मौलवी ही दुर्दैव से वहाँ खड़ा दिखाई दिया। उतावलेपन से मौलवी ने तलवार ऊपर उठाकर गरजकर पूछा, "लड़की कहाँ है ?"

"यह देख मेरी लड़की!" कहते हुए उस वीर ब्राह्मण ने अपनी तलवार ऐसी सफाई से चलाकर वार किया कि वह मौलवी के कंधे से नीचे उतरा और चीं-चीं करते हुए मौलवी पीछे हट गया। वह ब्राह्मण अपने घर की, अपनी मंत्राग्नि की तथा अपने मान की, जितनी संभव हो रक्षा करके दूसरे ब्राह्मण घरों की रक्षा के लिए दौड़ा। लेकिन मुँह से 'सुमति! घुस जाओ उस घर में, मैं आ ही रहा हूँ!' यह पुकार करते जा रहा था।

अब तक उस ब्राह्मण के घर में मोपला फैले थे। मशालें लेकर लूटमार करते हुए वे सुमति को ढूँढ़ रहे थे। केवल वह अग्नि-आगार जो पूरी तरह गिरा नहीं था, अब वह भी गिर गया। खपरैल से मोपला अंदर उतर गए। अँधेरे में उनमें से दो लोगों को मारकर पिछले दरवाजे से हरिहर शास्त्री खिसकने ही वाले थे कि खुद मौलवी ही दुर्दैव से वहाँ खड़ा दिखाई दिया।

उस घर में जो भयानक दुर्घटना घट रही थी, उसके मुकाबले हरिहर शास्त्री के घर की घटना तो कुछ भी नहीं थी। तीन या चार मोपले उस घर में घुसे हुए थे और उनके साथ वह बूढ़ी भी मशालें जलाए खड़ी थी।

पहले धड़ाके में ही उन मोपलों ने एक ही वार में उस घर के मालिक को घायल कर नीचे गिरा दिया। उसकी हालत को देखते ही रोते-पीटते और उन दुष्टों से दया की याचना करते हुए दो बुढ़ियाँ, उस मालिक की पत्नी तथा दो लड़कियाँ आगे बढ़कर घायल गृहपति को अपने बदन के नीचे ढकती हुई विलाप कर रही थीं। तब तक उस घर में जो कुछ सोना-चाँदी आदि था, उसे लूटते हुए वे मोपला विलाप करनेवाली निराश्रित विह्वल, भयभीत तथा निस्त्राण स्त्रियों से बोले, ''औरतो, वह काफिर अभी तक मरा नहीं। वह ठीक हो जाएगा। शोक मत करो। हम उसकी पूरी व्यवस्था करेंगे।'' फिर 'ऐ प्यारी! तू मुझे अपना कह', 'और तू मुझे' कहते हुए उनमें से दोनों ने उन युवा लड़कियों को और तीसरे ने उस प्रौढ़ा माँ को लिपटा लिया। उन शोकाकुल तथा भयभीत स्त्रियों में से दोनों तो चीख भी नहीं पा रही थीं। उनमें से छोटीवाली लड़की खींचातानी करने लगी। वह अपनी ससुराल से पहली प्रसूति के लिए अपनी माँ के घर आई थी। उसे खींचातानी करते देख मोपला गुस्से में आए। उन्होंने उन तीनों को पकड़कर उनके वस्त्र उतारकर फेंक दिए। तब उस छोटीवाली लड़की ने, 'इन दुष्ट पशुओं के हाथों से जान और मान की रक्षा करो' कहते हुए जोर-जोर से पुकारा। जोर-जोर से दीवार पर तथा भूमि पर सिर पटका; लेकिन उसकी वह पुकार मुनष्य या देवता किसीको भी सुनाई नहीं दी। वह सिर उस भूमि या दीवार से किसीने नहीं फोड़ा। अब वह कोमल सुंदरी उस कठोर बुढ़िया के पैरों पर जिस तरह देवी माँ के पैरों पर कमल चढ़ता है,

उनमें से छोटीवाली लड़की खींचातानी करने लगी। वह अपनी ससुराल से पहली प्रसूति के लिए अपनी माँ के घर आई थी। उसे खींचातानी करते देख मोपला गुस्से में आए। उन्होंने उन तीनों को पकड़कर उनके वस्त्र उतारकर फेंक दिए। तब उस छोटीवाली लड़की ने, 'इन दुष्ट पशुओं के हाथों से जान और मान की रक्षा करो' कहते हुए जोर-जोर से पुकारा।

उस तरह पड़ी और उसने कहा, ''तू मुसलमान है पर स्त्री है! स्त्रियों की भावनाएँ समझती होगी। यह मेरा बाप और ये उसके हत्यारे! उसकी आँखों के सामने यह कृत्य मैं कैसे सह पाऊँगी?'' वह निर्दयी बुढ़िया विकट हास्य करते हुए बोली, ''नादान बच्ची, एक दिन मैंने भी ऐसा ही कहा था, लेकिन वह किसीने नहीं सुना। तब अगर कोई सुनता तो शायद आज मैं तेरी बात मानती। लेकिन अब जितनी मेरी जैसी बनेंगी, उतनी मुझे चाहिए। चल, गिर पड़...'' उसके इस दुर्वचन से जलती हुई उस युवती ने धड़ाम से अपना सिर जमीन पर पटका। सिर से तेजी से खून बहने लगा। अब वह बुढ़िया ज्यादा ही गुस्से में आई, ''निगोड़ो, क्या तुम नपुंसक हो?'' इसपर वे कामोन्मत्त पशु उन तीनों स्त्रियों से चिपक गए। दोनों चुप रह गईं। खून से सनी वह गर्भवती सुंदरी कोशिश कर ही रही थी। इतने में और एक-दो मोपले अंदर घुसे, ''अच्छा, वह क्यों छटपटा रही है, पता है?'' उनमें से हुसेन नामक व्यक्ति ने कहा, ''पता है, पता है'', हँसकर—ऐसी स्थिति में भी हँसकर हसन ने कहा, ''उसका काम अकेले से शांत नहीं हुआ!'' तब दूसरा उससे चिपक गया। लेकिन वह ऐसी, जैसे पैर बाँधी हुई शेरनी। हसन 'मारो साली को' कहते हुए छुरी खींचकर दौड़ा। बोला, ''अरे मूर्ख! फूल सूँघे बिना ही कोई उसे मसल डालता है? अरसिक हो!'' उसके मुँह में कपड़ा ठूँसा गया और पहले के दूर होते ही हुसेन ने और हुसेन के दूर होते ही हसन ने उस घायल गर्भवती सुंदर तरुणी के साथ राक्षस से भी क्रूर बलात्कार किए। ऐसे भयानक बलात्कार के प्रति प्रायः स्त्री पापकृत्य खत्म होते ही भयानक रूप धारण करती है। उसी तरह हसन

अब वह बुढ़िया ज्यादा ही गुस्से में आई, ''निगोड़ो, क्या तुम नपुंसक हो?'' इसपर वे कामोन्मत्त पशु उन तीनों स्त्रियों से चिपक गए। दोनों चुप रह गईं। खून से सनी वह गर्भवती सुंदरी कोशिश कर ही रही थी। इतने में और एक-दो मोपले अंदर घुसे, ''अच्छा, वह क्यों छटपटा रही है, पता है?''

के उठते ही जिसे उसने जोर से काटा था, उस हुसेन ने छुरी निकालकर उस सुंदर और अत्यंत निरपराध कन्या के पेट में घुसा दी। उसका पेट काटकर वह छुरी उसने उतने ही जोर से फिर निकाली, तब उसके साथ वह पेट का गर्भ भी मसला हुआ बाहर आया। यह कृत्य उस घायल पिता की उपस्थिति में उसकी आँखों के सामने हुआ। हुसेन ने कहा, "ठीक तरह से देख! ऐ काफिर! ठीक तरह से देख कि हिंदू लोगों में जन्म लेने से क्या दुर्दशा होती है! अल्लाह ईमानदार को (कुरान माननेवाले को) इसी तरह काफिर पर विजयी बनाता है!" कहते हुए वे सभी मोपला दूसरे घर में घुसने के लिए लूटी हुई चीजें सँभालने-निकालने लगे। इतने में पागल शेर की तरह हरिहर शास्त्री वहाँ तलवार चलाते हुए आ पहुँचे। मुँह से वे 'सुमति! सुमति!' चिल्ला रहे थे।

उनके इस चिल्लाने से सुमति उनके आगे उस घर में ही कहीं घुसी होगी, ऐसा सोचकर मौलवी के लोग भी उनके पीछे-पीछे भागते आ रहे थे। परंतु कुछ लोग उस अग्नि-आगार में उनका कुछ धन होगा यह सोचकर उस रोशनी में ढूँढ़ रहे थे। तब उन्हें एक गढ़ा दिखाई दिया। 'मिल गया रे मिल गया!' कहते हुए इब्राहिम ने जो उस गढ़े में हाथ घुसाया, तो जोर-जोर से चीखते हुए ही बाहर निकाला। हवन के लिए राख के नीचे ढके हुए ज्वलंत अंगारों ने उसे बैंगन की तरह भून दिया! उसकी आस्तीनों को भी आँच लग गई। उन्हें कम-से-कम आधी जलाने तक वह आग बुझी नहीं। ब्राह्मण की यज्ञ-अग्नि ने एक बार क्यों न हो, यज्ञ के विध्वंसक को आँच दी। भक्तों के

उनके इस चिल्लाने से सुमति उनके आगे उस घर में ही कहीं घुसी होगी, ऐसा सोचकर मौलवी के लोग भी उनके पीछे-पीछे भागते आ रहे थे। परंतु कुछ लोग उस अग्नि-आगार में उनका कुछ धन होगा यह सोचकर उस रोशनी में ढूँढ़ रहे थे। तब उन्हें एक गढ़ा दिखाई दिया। 'मिल गया रे मिल गया!' कहते हुए इब्राहिम ने जो उस गढ़े में हाथ घुसाया, तो जोर-जोर से चीखते हुए ही बाहर निकाला।

सभी देवता कम-से-कम इतने भी दाहक अगर होते! तो भी···

हरिहर शास्त्री भी अपनी उस हवनाग्नि की भाँति जलते हुए निकले और निरपराध ब्राह्मण कन्याओं पर बलात्कार कर बाहर आनेवाले मोपलों में से हसन और हुसेन को तलवार से काटकर राह निकालते हुए अंदर घुसे। देखा तो उस ब्राह्मण का परिवार अत्यंत विपन्न, करुणास्पद तथा भयानक बीभत्स व कारुणिक स्थिति में पड़ा हुआ था। "हाय! हाय! स्थूलेश्वर शास्त्रीजी!" हरिहर ने उस घायल गृहपति से कहा—क्योंकि वह गृहपति कोई दूसरा-तीसरा नहीं, बल्कि वही स्थूलेश्वर शास्त्री था जो आग्रह से प्रतिपादन करता था कि हरिजन की अपेक्षा मुसलमान को स्वीकारने में कम भ्रष्टाचार होता है। "कैसी यह दशा! ईश्वर का यह कितना कोप!" स्थूलेश्वर शास्त्री तिलमिलाकर बोला, "और एक तरह से अपनी हिंदू जाति के दुष्टतापूर्ण घमंड के पाप का कितना भयानक फल! कम-से-कम अब तो कहिए। मेरी आज्ञा में जो दो थिय्या युवक रहे हैं, उनके हाथों मैं तुम्हारी उस लड़की और पत्नी को दूसरी ओर सुरक्षित भेजने की कोशिश करता हूँ।" स्थूलेश्वर शास्त्री ने हाँ नहीं कहा। उन थिय्यों के हाथ अपनी बेटी को, जिसे मुसलमानों ने भ्रष्ट किया, उस बेटी की और आगे बेइज्जती टालने के लिए देना भी उन्हें अधिक पातक लग रहा था। ऐसी रूढ़ि यदि एक बार हृदय में घुस गई तो हृदय को तोड़े-फोड़े बिना उसे निकलना कठिन हो जाता है।

हरिहर शास्त्री भी अपनी उस हवनाग्नि की भाँति जलते हुए निकले और निरपराध ब्राह्मण कन्याओं पर बलात्कार कर बाहर आनेवाले मोपलों में से हसन और हुसेन को तलवार से काटकर राह निकालते हुए अंदर घुसे। देखा तो उस ब्राह्मण का परिवार अत्यंत विपन्न, करुणास्पद तथा भयानक बीभत्स व कारुणिक स्थिति में पड़ा हुआ था।

हरिहर शास्त्री ने एक क्षण के लिए उस दृश्य को देखा। पिछली शाम को शांत रीति से यह पूरा परिवार सोने गया था। इन मोपलों से उन्हें

कुछ लेना-देना नहीं था। ये मोपला लोग जंगल की तरफ के थे। स्थूलेश्वर शास्त्री तथा उनके लोगों ने आज दो पीढ़ियों तक यह ब्राह्मणवन पार भी नहीं किया। शुचिर्भूत रीति से श्रुति-स्मृति का अध्ययन कर संतोष से दिन बितानेवाला यह परिवार—शाम को बड़े प्रेम से एक-दूसरे के साथ हँसते-खेलते सो गया—और अभी सुबह भी न हुई थी कि उनपर यह कैसी आपत्ति! घर-बार, बेटियाँ—पेट का गर्भ भी—मुसलमान की तलवार तथा आग की बलि चढ़ गया! क्यों? केवल यह परिवार हिंदू है इसलिए! समाज के शक्तिक्षय का, भली-बुरी स्थिति का परिणाम व्यक्ति को तथा परिवार को यूँ भी इतनी निर्घृण उत्कटता से भुगतना पड़ता है! व्यक्ति तथा समाज के जीवन के धागे इतनी जटितला से बुने हुए होते हैं, जैसे पेड़ की टहनियों में ऊपर कोई एकात्मता दिखाई नहीं देती तो भी भूति के अंदर जड़ों में व्यक्ति जीवन और समाज जीवन बहुत-कुछ जुड़ा हुआ होता है। तू कुछ अपराध कर या ना कर, तू हिंदू समाज में है इसलिए उस समाज पर शत्रु का आघात होगा, तब तू थिय्या हो या नंबूदरी हो अथवा हरिजन हो, वह तेरा सिर फोड़े बगैर रहेगा नहीं। तेरा सामाजिक जीवन जब संकट में पड़ता है, तब तेरा जीवन मूलतः वैयक्तिक तथा सामाजिक दोनों का मिश्रण होता है।

समाज के शक्तिक्षय का, भली-बुरी स्थिति का परिणाम व्यक्ति को तथा परिवार को यूँ भी इतनी निर्घृण उत्कटता से भुगतना पड़ता है! व्यक्ति तथा समाज के जीवन के धागे इतनी जटितला से बुने हुए होते हैं, जैसे पेड़ की टहनियों में ऊपर कोई एकात्मता दिखाई नहीं देती तो भी भूति के अंदर जड़ों में व्यक्ति जीवन और समाज जीवन बहुत-कुछ जुड़ा हुआ होता है।

ये विचार हरिहर शास्त्रीजी के मन में मन की गति से झट से आ गए। स्थूलेश्वर की हठवादिता से आए इतने संकट पर्याप्त हो गए और उनका अनुमोदन हो या न हो, उन स्त्रियों की रक्षा का निश्चय करते हुए हरिहर ने

उन दोनों को पिछले दरवाजे से अंदर आए दोनों थिय्याओं को सौंप दिया और स्वयं मौलवी की ओर दौड़ पड़े।

हरिहर शास्त्री के पीछे-पीछे जब मौलवी स्थूलेश्वर शास्त्री के घर की ओर सुमति के लिए आ रहा था तो राह में किसी मोपला ने 'सुमति! सुमति! साली मिल गई!' ऐसा चिल्लाया। मौलवी तुरंत हरिहर को छोड़कर वहाँ भागा। किसी घर के पिछले दरवाजे की ओर घास की गंजी में घुसकर चिंतामणि शास्त्री की बेटी लक्ष्मी भागते-भागते आकर तब छिपी थी, जब उनके घर पर दीन-दीन का नारा लगाते हुए मोपला टूट पड़े थे। वह सुमति की हमउम्र थी और थोड़ी-बहुत उसीकी तरह दिखाई देती थी, यह बात तो सच थी। मौलवी ने पहले उसे देखते ही खुशी से पागल होकर उसे उस भीड़ में भी अपनी छाती से लिपटा लिया। मौलवी के कंधे से हरिहर शास्त्री के वार से खून बहना यद्यपि बंद हो गया था तो भी उसकी वेदना कम न हुई थी। लेकिन वह वेदना उसी समय मानो शांत हो गई, जब उसने सुमति सोचकर लक्ष्मी को छाती से लिपटा लिया। जिसके लिए उसने इतनी कोशिश की वह कार्य संपन्न हुआ ऐसा सोचकर उसे बहुत खुशी हुई। उसने अपने दो विश्वासी मोपलों को सुमति को—यानी लक्ष्मी को, सँभालकर हरिहर शास्त्री के घर ले जाने के लिए कहा। अब रात के तीन बजने को आए थे, इसलिए उन्होंने सोचा कि अपने ब्राह्मणवन में अपने विश्वस्त सैनिकों को थोड़ा विश्राम देना चाहिए। ब्राह्मणवन के पाँच-छह ब्राह्मण घरों में से अब

हरिहर शास्त्री के पीछे-पीछे जब मौलवी स्थूलेश्वर शास्त्री के घर की ओर सुमति के लिए आ रहा था तो राह में किसी मोपला ने 'सुमति! सुमति! साली मिल गई!' ऐसा चिल्लाया। मौलवी तुरंत हरिहर को छोड़कर वहाँ भागा। किसी घर के पिछले दरवाजे की ओर घास की गंजी में घुसकर चिंतामणि शास्त्री की बेटी लक्ष्मी भागते-भागते आकर तब छिपी थी, जब उनके घर पर दीन-दीन का नारा लगाते हुए मोपला टूट पड़े थे।

एक भी घर ब्राह्मण का घर नहीं रहा था। सभी कन्याएँ भ्रष्ट हो गई थीं। सारे पुरुष—बहुतेरे तो लड़ते हुए ही घायल हुए थे! मौलवी की आज्ञा नहीं मिली, वरना सारे घर जलकर राख ही हो जाते। लेकिन उन छोटे सुंदर घरों को ही वे अपने राजमंदिर बनाना चाहते थे, इसलिए वे उस मोपला बुढ़िया की मशाल से बच गए। खिलाफत सरकार के आग लगानेवाले विभाग की अध्यक्ष रही वह।

अपने लोगों को बुलाता तथा उन्हें एकत्रित करता हुआ मौलवी एक पत्थर पर थोड़ी देर बैठ गया। उसके कंधे में दर्द हो ही रहा था। "देखो, मैंने जो कहा था वैसा ही हुआ, देखा न? हम गाँव ध्वस्त करते आए लेकिन इस मामूली ब्राह्मणवन के चार घर लेने के लिए हमें काफी गाजियों का बलिदान देना पड़ा। उधर मंदिर के पास मारपीट चल ही रही है। यह कुट्टम गाँव लेने में जितना कष्ट हुआ, उतना अरनाड़ तालुका लेने में भी नहीं हुआ होगा। यह सारा उस कंबू का और हरिहर का काम है। दो काफिर एकत्रित हुए तो ऐसी ही शैतानियत मचाते हैं। कुछ भी हो, हमें फल तो मिल गया, किया हुआ श्रम सार्थक हुआ।" मौलवी ने कहा।

अपने लोगों को बुलाता तथा उन्हें एकत्रित करता हुआ मौलवी एक पत्थर पर थोड़ी देर बैठ गया। उसके कंधे में दर्द हो ही रहा था। "देखो, मैंने जो कहा था वैसा ही हुआ, देखा न? हम गाँव ध्वस्त करते आए लेकिन इस मामूली ब्राह्मणवन के चार घर लेने के लिए हमें काफी गाजियों का बलिदान देना पड़ा।

"वाह खान साहब! सुमति मिली इसलिए आपका श्रम सार्थक हुआ, यह बात तो स्पष्ट है। लेकिन हमारे श्रम का? हम एक-दो को अब तक कुछ नहीं मिला। यह देखो, हमें मिलना चाहिए, नहीं तो किसीको भी हजम नहीं होगा, हाँ।" अब्दुला ने चिढ़-चिढ़ाकर कहा।

"अब्दुला! सब्र करना भाई। सुबह होने दो—अल्लाह ईमानदारों को बरकत देने में समर्थ है। दोनों को एक नहीं—एक-एक को कम-से-कम दो-दो बाँटकर दूँगा। लेकिन रुको, जिन काफिरों को पकड़कर बंदी बनाया

है, उन्हें सामनेवाले घर में अच्छी तरह बंद कर दो। अरे, लेकिन क्या वह हरिहर किसीको मिला? नहीं तो सबकुछ व्यर्थ हो जाएगा।''

''यह देखो हरिहर!'' कहते हुए पागल मोहम्मद आगे बढ़ा। तीन मोपलों द्वारा पकड़ा हुआ, तलवार के वार से एक पैर पूरा ऐसे कटा हुआ था, जैसे वृक्ष से कोई शाखा आरी से काटी हो। लेकिन फिर भी बड़ी निर्दयता से घसीटते हुए, कुछ एक पैर पर लँगड़ाते चलाकर लाया, लहू से लाल-लाल हरिहर शास्त्री मशाल की रोशनी में स्पष्ट दीखने लगे।

''इस काफिर ने,'' पागल मोहम्मद ने कहा, ''इस काफिर ने बड़ा घात किया है। उसका इनाम उसे इस इसलाम वीर ने खुद दिया। मौलवीजी, आपने जिस कन्या को सुमति समझकर हमारे अधीन किया, उसे ले जाते समय इस काफिर ने हमपर हमला किया। अँधेरे में अचानक मेरे साथी कासम बौने को इसने काट दिया और मेरे हाथ से उस लौंडी को लेकर भागने लगा। अँधेरे में वार! अँधेरे में भागा! इस काफिर को धर्मयुद्ध कैसे किया जाता है, यह नहीं आता!''

''यह देखो हरिहर!'' कहते हुए पागल मोहम्मद आगे बढ़ा। तीन मोपलों द्वारा पकड़ा हुआ, तलवार के वार से एक पैर पूरा ऐसे कटा हुआ था, जैसे वृक्ष से कोई शाखा आरी से काटी हो। लेकिन फिर भी बड़ी निर्दयता से घसीटते हुए, कुछ एक पैर पर लँगड़ाते चलाकर लाया, लहू से लाल-लाल हरिहर शास्त्री मशाल की रोशनी में स्पष्ट दीखने लगे।

''लेकिन वह लौंडी कहाँ है? वह सुमति नहीं, यह तू कैसे कह सकता है?' मौलवी ने गुस्से से उछलकर कहा, ''वह भाग गई इसलिए?''

''नहीं-नहीं, खान साहब ! सुनिए तो आगे—'' डरते हुए पागल मोहम्मद बोला, ''यह काफिर उस लौंडी को पीठ पर लेकर आगे और मैं पीछे, इस तरह हम भाग रहे थे। चाँद की रोशनी में इसके आते ही मैंने तलवार से तीन-चार घाव कुल्हाड़ी के घाव की तरह इसके एक पैर पर किए और इसे

नीचे गिरा दिया। लेकिन लड़की नहीं दिखाई दी। तब इसकी पीठ की मैंने तलाशी ली, लेकिन लड़की पीठ पर कहीं नहीं थी।''

"अरे शैतान! आसपास कहीं छिपी होगी। वहाँ क्यों नहीं देखा''

''देखा महाराज! इसकी दाहिनी बगल में देखा, बाईं बगल में देखा। दूर तक जाकर भी देखा, लेकिन फिर इसे कौन देखता? यह दो पैरों से कैसा भाग रहा था, वह आपने देखा ही है। उसका आधा रास्ता यह एक पैर से आसानी से भागता और आपको मेरा पराक्रम—यह खुद या इसका यह पैर न मिलता तो सच भी नहीं लगता।'' कहते हुए पागल मोहम्मद ने अपने कंधे पर रखा, उस ब्राह्मण वीर का कटा हुआ लहूलुहान पैर किसी हाथी की कटी सूँड़ की तरह धड़ाम् से जमीन पर पटका।

□

प्रकरण-6

मुझे एक छुरी दो

वहाँ सुमति को लेकर उसका भाई और वह युवा थिय्या दामोदर जहाँ रास्ता मिला, वहीं चल रहे थे। थोड़ी ही देर में उन्हींकी तरफ स्थूलेश्वर की एक बेटी और पत्नी को लेकर दो थिय्ये आ रहे थे, जिनके हाथ हरिहर ने उन्हें सौंपा था। फिर वे चार पुरुष और तीन स्त्रियाँ छिपते-छिपते, पीछे रहे प्रियजनों की क्या बुरी हालत रही होगी, इस आशंका से तथा अपनी दुर्दशा के अहसास से सिसकते-सिसकते, लगातार मार्ग निकालते हुए कुट्टम से जितना दूर हो सके, जा रहे थे। परंतु उस प्रलय में हरिहर की बहादुरी से बची चौथी युवती लक्ष्मी अकेली किसी एक कुंज के पीछे छिपकर बैठी थी। हरिहर का पैर कटते ही उस पागल मोहम्मद को उस ब्राह्मण वीर ने बहुत देर तक अपनी पकड़ में दबाए रखा, इसलिए उस युवती को आगे भाग जाने के लिए समय मिल गया। कुछ देर भागती हुई वह उस कुंज के पास आ बैठी थी। वह मूलतः धैर्यशील थी, फिर भी वह स्त्री थी, युवती थी। जंगल में दूर से और कभी-कभी पास से सियार, भेड़िया और शेर की क्रूर आवाजें जब उसके कानों में पड़ती थीं, तब आदत न होने के कारण यह युवती कभी इतनी घबरा जाती थी कि उस निर्जन जंगल की अपेक्षा संकटग्रस्त क्यों न हो, वह कुट्टम ही ठीक था ऐसा उसे लगता था। साँपों तथा अँधेरे का भय उसे लगातार सता रहा था। किसी तरह मनुष्यों के बीच जाए, ऐसा उसे लग रहा था। वैसे देखा जाए तो उस जंगल में उसके कुंज की तरफ कोई भी भयप्रद जीव-जंतु आया नहीं था। मोपलों की तरफ से भयप्रद जीव-जंतु आने की

आशंका भी नहीं थी। लेकिन किसी भी जीव-जंतु का साथ न होना—वह एकांत ही उस लक्ष्मी को अत्यंत भयप्रद तथा दुर्धर लगा, जो आजन्म अपने प्रियजनों के कंधों पर बढ़ी-पली थी। तथापि वह धीरज रखती हुई पूरी रात वहीं रही। पौ फटने से पहले उसने भागकर आगे निकल जाने का निश्चय भी किया। मील-दो मील जाते ही उसे उसीकी तरह दबकती और भी दो स्त्रियाँ कुछ दूरी पर दिखाई दीं। शायद वे मुसलमान पक्ष की हों, ऐसी आशंका आने पर भी निर्जनता से आंतकित वह युवती, हाँ-ना करते-करते उन स्त्रियों की ओर चल ही पड़ी। 'आप कौन' ऐसा पूछते ही उन स्त्रियों ने लक्ष्मी को पहचाना और रुँधे गले से उन्होंने कहा, "बेटी, तू यहाँ कहाँ? आप ब्राह्मण हैं। आपका नाखून भी हमें नहीं दिखना चाहिए। भगवान् ने यह कैसा कोप किया! उन मुस्टंडों के कल के दंगे से ही आप भागी होंगी! हमने आपके दरवाजे पर कई बार जूठन खाया है। कुट्टम गाँव की ही दो मसकुनी हैं।"

"बायो!" लक्ष्मी ने दुखी अंत:करण से कहा, "तुम यहाँ कहाँ जा रही हो?"

"हमपर भी इन बदतमीज मोपलों ने अत्याचार किए। बेटा, हमारे पास पैसा नहीं, कौड़ी नहीं। फिर भी उन्होंने हमारी झोंपड़ी को आग लगा दी। हमारे पुरुषों को कैद किया और हम सबसे कहा कि 'मुसलमान हो जाओ, नहीं तो मरो।' लेकिन बेटा, हम अपनी मसकुनी जाति कैसे छोड़ सकते हैं? बेटा, हमने उनसे कहा, 'हम ब्राह्मण नहीं हैं। क्यों हमारे पीछे पड़े हो?' तब उनमें से एक बादमाश बुढ़िया मशाल से हमारी साड़ियाँ जलाने दौड़ी और

हमपर भी इन बदतमीज मोपलों ने अत्याचार किए। बेटा, हमारे पास पैसा नहीं, कौड़ी नहीं। फिर भी उन्होंने हमारी झोंपड़ी को आग लगा दी। हमारे पुरुषों को कैद किया और हम सबसे कहा कि 'मुसलमान हो जाओ, नहीं तो मरो।' लेकिन बेटा, हम अपनी मसकुनी जाति कैसे छोड़ सकते हैं? बेटा, हमने उनसे कहा, 'हम ब्राह्मण नहीं हैं। क्यों हमारे पीछे पड़े हो?'

बोली, 'लेकिन तुम हिंदू हो न? हिंदू लोग तो तुम मसकुनियों को कुत्तों से भी नीच समझते हैं। लेकिन तुम मसकुनी लोग मुसलमान नहीं बनते। तुम ब्राह्मणों के, क्षत्रियों के तथा वैश्यों के पैर हो। वे तुमपर खड़े हैं। तुम्हें काट दिया तो वे नीचे गिर ही गए समझो।' उस आगजनी से बेटी, हम किसी तरह बचकर भाग रही हैं। लेकिन हमारा क्या! हम तो रहे मसकुनी। तुम्हारा इस जंगल में क्या होगा?'' उस मसकुनी की आँखें डबडबा गईं। मालाबार में मसकुनी जाति अस्पृश्य से भी अस्पृश्य मानी जाती है। थिय्या उनके साथ व्यवहार या लेन-देन नहीं करते। जैसे हरिजन चांडाल को नीच मानते हैं, उसी तरह मसकुनी जाति थिय्यों से भी कनिष्ठ मानी जाती है।

लक्ष्मी बेचैन होकर बोली, ''तुम अपना दुःख भूलकर मेरी चिंता करती हो न? भगवान् ने तुम्हें इतना उदार हृदय दिया है। तुम मसकुनी मेरे जैसी ब्राह्मणी से भी उच्च जाति की हिंदू हो। न, न, ऐसे पीछे मत हटो। यह देखो कितनी देर से मैं चाहती हूँ कि किसीके गले लिपटकर जी भरके रोऊँ। तुम संकोच मत करो। मुझे गले लगा लो। एक क्षण के लिए मेरी माँ बनो।'' कहती हुई लक्ष्मी उस मसकुनी स्त्री के गले लग गई। मसकुनी स्त्रियाँ उस स्थिति में भी 'ब्राह्मणी को हमने छूआ' ऐसा सोचकर अपने आपको मन-ही-मन दोष दे रही थीं। लेकिन वह मसकुनी स्त्री लक्ष्मी को गले लगाकर बिना झिझक उसको सांत्वना दे रही थी। थोड़ी ही देर में उन तीनों के दुःख का आवेग कम हुआ और फिर से भय के कारण वे आगे जाने की सोचकर छिपते-छिपते जाती रहीं। थोड़ी ही देर में उन्हें

लक्ष्मी बेचैन होकर बोली, ''तुम अपना दुःख भूलकर मेरी चिंता करती हो न? भगवान् ने तुम्हें इतना उदार हृदय दिया है। तुम मसकुनी मेरे जैसी ब्राह्मणी से भी उच्च जाति की हिंदू हो। न, न, ऐसे पीछे मत हटो। यह देखो कितनी देर से मैं चाहती हूँ कि किसीके गले लिपटकर जी भरके रोऊँ। तुम संकोच मत करो। मुझे गले लगा लो। एक क्षण के लिए मेरी माँ बनो।''

उनके ही गाँव का आदमी—विष्णु नायर दूर से आता हुआ दिखाई दिया, तब भगवान् ही ने उसे भेजा है, इस आशा से वे उसकी ओर गईं। उनको देखते ही विष्णु नायर ने त्योरी चढ़ाई। 'मैं खुद अपनी जान बचाकर किसी तरह भाग रहा हूँ तब यह कौन सा झंझट गले में पड़ रहा है,' ऐसा सोचकर वह झल्लाकर उनसे बोला, "मेरे पास क्या है? यहाँ किसलिए आ रही हो?"

"महाराज!" वह मसकुनी बूढ़ी औरत हाथ जोड़कर बोली, "महाराज, आप नायर लोग अपने को क्षत्रिय कहलाते हैं। हम तो अबला हैं, हमें दूसरा कुछ नहीं चाहिए। इस ब्राह्मण लड़की की मौसी का गाँव यहाँ से दो कोस पर है, इसलिए हमें डर लग रहा है।" "लेकिन तेरी जाति कौन सी है?" नायर ने पूछा। "चांडाल, बाबा।" मसकुनी ने उत्तर दिया। "और तू मेरे साथ दो सौ फीट के अंदर आकर बात कर रही है! राक्षसी, मेरा धर्म डुबोती है।"

"महाराज!" वह मसकुनी बूढ़ी औरत हाथ जोड़कर बोली, "महाराज, आप नायर लोग अपने को क्षत्रिय कहलाते हैं। हम तो अबला हैं, हमें दूसरा कुछ नहीं चाहिए। इस ब्राह्मण लड़की की मौसी का गाँव यहाँ से दो कोस पर है, इसलिए हमें डर लग रहा है।" "लेकिन तेरी जाति कौन सी है?" नायर ने पूछा। "चांडाल, बाबा।" मसकुनी ने उत्तर दिया। "और तू मेरे साथ दो सौ फीट के अंदर आकर बात कर रही है! राक्षसी, मेरा धर्म डुबोती है।" कहते हुए उस स्त्री की छाया पड़ने से सचमुच ही गुस्से में आकर उस क्षत्रिय ने उस अस्पृश्य बुढ़िया के मुँह पर जोर से तमाचा मारा ! उसकी बेटी एकदम से रोने लगी। तब लक्ष्मी क्रोध से कंपित होकर बोली, "अरे विष्णु, इन बेचारी अस्पृश्यों के सामने जो तू पराक्रम दिखा रहा है वह अपने उन बाप मुसलमान मोपलों को, जो तेरे घर की स्त्रियों पर और मंदिर के देवताओं पर अत्याचार कर रहे हैं, क्यों नहीं दिखाता? उनके भय से किसी नपुंसक की तरह जान बचा क्यों भाग रहा है? उस कृत्य से तेरा क्षत्रिय धर्म भ्रष्ट नहीं हुआ?

मुसलमान उसे हिंदू होने के कारण जान से मार रहे हैं—हिंदू उसे मसकुनी अस्पृश्य कहकर मार रहे हैं; भगा रहे हैं। अब वे कहाँ जाएँगी!" "लक्ष्मी!" उस नायर ने लज्जित होकर कहा, "तू चाहती है तो चल मेरे साथ। यद्यपि इस स्थिति में तेरी जैसी सुंदर युवती साथ लेने का परिणाम मोपलों के संकट को आमंत्रित करना है, फिर भी तू मेरे गाँव के ब्राह्मण की बेटी है। चल तुझे पहुँचा देता हूँ। लेकिन अगर इन मसकुनी स्त्रियों को साथ में ले लूँ तो क्षत्रिय मुझे जाति के बाहर निकाल देंगे।"

"क्यों नहीं निकालेंगे!" लक्ष्मी ने घृणा से कहा, "परधर्मियों से अबलाओं की रक्षा की तो क्षत्रियता कहाँ रही? लेकिन तूने ऐसा कोई पाप नहीं किया। हिंदू धर्म तथा हिंदू जाति पर जब भयानक अत्याचार चल रहे हैं तब तू अत्याचार करनेवाले विधर्मियों के साथ आगे आकर लड़ नहीं रहा। तू जान बचाकर भाग रहा है। मुसलमानों द्वारा तुम्हारी स्त्रियों के कत्ल, भ्रष्ट करने पर तुझे ऐसा नहीं लगता कि तेरा धर्म डूब गया, लेकिन हिंदू अस्पृश्य की केवल छाया पड़ने से तेरा धर्म भ्रष्ट हो जाता है। इसलिए तू सच्चा धर्मप्राण क्षत्रिय है, इसमें कोई संदेह नहीं! मैं तेरे साथ नहीं आऊँगी। मैं अपनी इस मसकुनी बहन के साथ ही रहूँगी। चांडाल स्त्रियों का जो सुख-दुःख, वही हमारा भी सुख-दुःख। हिंदुत्व पर संकट आने पर चांडाल, हरिजन, माँग, ब्राह्मण ये उन जातियों के न रहकर केवल हिंदू हैं, ऐसा माननेवाली तथा आचरण करनेवाली आत्माएँ ब्राह्मणों में भी होती हैं, यह सिद्ध करने के लिए मैं इस मसकुनी के साथ ही रहूँगी, तू चला जा!"

"क्यों नहीं निकालेंगे!" लक्ष्मी ने घृणा से कहा, "परधर्मियों से अबलाओं की रक्षा की तो क्षत्रियता कहाँ रही? लेकिन तूने ऐसा कोई पाप नहीं किया। हिंदू धर्म तथा हिंदू जाति पर जब भयानक अत्याचार चल रहे हैं तब तू अत्याचार करनेवाले विधर्मियों के साथ आगे आकर लड़ नहीं रहा। तू जान बचाकर भाग रहा है।

लक्ष्मी यह कह रही थी तब तक नायर क्षत्रिय चला भी गया था। थोड़ी

देर तक वे स्त्रियाँ और आगे बढ़ीं। उन्हें दूर से शोर सा सुनाई दिया। वे तीनों डर गईं। आश्रय के लिए बरगद के एक पेड़ के नीचे करौंदे की झाड़ियाँ थीं, उनके पीछे छिपकर थोड़ा समय गुजार लेने के विचार से वे वहाँ पहुँचीं तो उन्हें सुमति और स्थूलेश्वर शास्त्री की दो स्त्रियाँ वहाँ छिपी हुई मिलीं! कैसा था दुःख का वह आवेग! कैसा था वह भय! थोड़ी देर पहले क्या हुआ, यह बताने की कितनी उत्सुकता! उन सारे मनोविकारों की गुत्थियों में से अंततः एक ही प्रश्न सुमति के मुख से निकल पाया, ''क्या तुम्हें मेरे पिताजी पीछे मिले?'' एक ही उत्तर पाया, ''उन्होंने ही मेरी जान तथा मेरा धर्म बचाया। लेकिन इस युद्ध में शत्रु ने उनका पैर ही कुल्हाड़ी से काट दिया और उन्हें बंदी बनाकर ले गए।''

''हाय राम!'' कहती हुई सुमति एकदम ऊँचे स्वर में चीख पड़ी। ''बेटी, चुप हो जा। अब कौन किसके लिए रोए,'' कहती हुई स्थूलेश्वर शास्त्री की पत्नी उसको शांत करने लगी। लेकिन डर के मारे पहले ही उसका रोना बंद हो गया था। क्योंकि वे तीन-चार थिय्ये और सुमति का भाई, वह किस बात का शोर है, यह सुनने के लिए जब दूर गए तब जाते समय उन स्त्रियों को वहाँ बिल्कुल आवाज न करते हुए बैठने के लिए कह गए थे। अपनी चीख से वे संकट में पड़ जाएँगी, इस डर से सुमति चुप रही।

''हाय राम!'' कहती हुई सुमति एकदम ऊँचे स्वर में चीख पड़ी। ''बेटी, चुप हो जा। अब कौन किसके लिए रोए,'' कहती हुई स्थूलेश्वर शास्त्री की पत्नी उसको शांत करने लगी। लेकिन डर के मारे पहले ही उसका रोना बंद हो गया था। क्योंकि वे तीन-चार थिय्ये और सुमति का भाई, वह किस बात का शोर है''

अब सुबह के दस बजे होंगे। रात भर रास्ता काटते हुए, डरते-भागते तथा दुःख की अग्नि में जलते हुए सारी स्त्रियों तथा पुरुषों के प्राण सूख गए थे। कहीं पानी दिखाई नहीं देता था। कल दस बजे शांत तथा रमणीय कुट्टम गाँव में हरिहर अग्नि को आहुति देकर उठ रहे थे। सुमति फूलों की माला

बना रही थी। तब उसके भाई ने चुपचाप पीछे से आकर उसकी आँखें ढक दी थीं। लक्ष्मी तुलसी की परिक्रमा कर रही थी और बीच-बीच में हरसिंगार के पेड़ पर बैठे बुलबुल को हाथ की माला से उड़ा रही थी। वह फिर-फिर आ बैठता थी। 'कंघी लो कंघी लो, चोटी बनाओ, चोटी बनाओ। मालती का फूल डाले ससुराल चल पड़ा।' वहाँ वह स्थूलेश्वर शास्त्री की बेटी अपनी माँ के घर पहली प्रसूति के लिए आई अपनी प्रिय बहन को उसके प्रीतिभोज के लिए 'क्या बनाऊँ दीदी, क्या बनाऊँ?' कहती हुई उसे प्रेम से चिढ़ा रही थी! वह मसकुनी वृद्धा अपने छोटे से आँगन में सब्जियों में से कुछ चुनती हुई मन में कह रही थी, 'यह सब्जी तो मेरी बिटिया को बहुत पसंद है न! वह कल नैहर आएगी, तभी मैं इसे क्यों न तोड़ूँ!'

चौबीस घंटे भी न हुए होंगे—तो आज दस बजे वे क्या कर रही थीं, यह अचानक—कल्पित नहीं, स्थिति में कितना अंतर था। यह जुल्म, अत्याचार और पीड़ा उन्हें सहनी पड़ी ऐसा, उन्होंने कौन सा पाप अथवा अपराध किया था?

इतना ही कि उन्होंने हिंदू समाज में जन्म लिया था, और वे हिंदू ही रहना चाहती थीं। व्यक्तिश: इतना ही, बस!

चौबीस घंटे भी न हुए होंगे—तो आज दस बजे वे क्या कर रही थीं, यह अचानक—कल्पित नहीं, स्थिति में कितना अंतर था। यह जुल्म, अत्याचार और पीड़ा उन्हें सहनी पड़ी ऐसा, उन्होंने कौन सा पाप अथवा अपराध किया था? इतना ही कि उन्होंने हिंदू समाज में जन्म लिया था, और वे हिंदू ही रहना चाहती थीं। व्यक्तिश: इतना ही, बस!

लेकिन सामाजिकता की दृष्टि से कितना! वह कितना अपराध था कि स्वयं उन्होंने अपना हिंदू समाज इतना असंगठित, असहनशील ही बना रखा था। रेत के कणों की तरह केवल एक ढेर, एक राशि; समाज नहीं! केवल पूर्वजों के पुण्य के अवशिष्ट अंशों पर टिका हुआ! लेकिन अवशिष्ट पाप से हर क्षण भागनेवाला—छिन्न-भिन्न होनेवाला!

किस बात का शोर है, यह देखने गए पुरुष वापस लौटे। शोर शत्रुओं का ही था, क्योंकि उसी मार्ग से मोपलों की एक दूसरी बड़ी टोली हिंदुओं का शिकार करती आ रही थी। उस संकट में वे पुरुष भी, अब क्या होगा, इस भय से काँप रहे थे। एक भयानक संकट का सामना करने में तथा उसे हराने में उनकी सारी शक्ति खर्च हो गई थी। उनके मुँह पानी के बिना सूखे हुए, स्नायु विश्राम के बिना शिथिल हुए, मन उत्साह के बिना म्लान तथा धैर्य-आशा के बिना मुरझाए हुए थे। फिर भी वह ब्राह्मण कुमार और वे थिय्या यदि अभी तक पैरों पर खड़े और हाथों में शस्त्र पकड़े थे, तो वे केवल दामू के अदम्य धैर्य तथा निश्चय से ही कि अंत तक लड़ेंगे, धर्म के लिए मरेंगे। मालाबार में हिंदू लड़ सकते हैं—कम-से-कम हमने तो अपना कर्तव्य निभाया, बस! ऐसा कुछ वह लोगों से, कुछ अपने आपसे बोला। सुमति आवेश में आगे बढ़ी। वह बोली, "मुझे एक छुरी दे दो, मैं एक-न-एक हिंदू द्वेषी को मारकर मरूँगी।" दामू ने एक छुरी उसे दे दी और कहा, "हे देवी! मैं जब तब जीवित हूँ तब तक आपकी छुरी मैं हूँ। मेरे मरने के उपरांत यह आपकी होगी!" उस युवा तथा युवती का अपूर्व साहस तथा उत्साह देखकर उस मसकुनी जाति की अस्पृश्य लड़की मालती ने आवेश में आकर कहा, "मुझे भी एक छुरी देना। हिंदू धर्म के लिए मैं भी लड़कर मरूँगी।" दामू ने दूसरी एक छुरी उसे दे दी—लेकिन उसने उसके हाथ से वह छुरी नहीं ली, "नीचे रखिए, मैं उठा लूँगी। मैं मसकुनी जाति की हूँ, आप थिय्या। मैं आपको गाँव में हमेशा देखती हूँ। आपको अच्छा लगे, न लगे। आपको मुझसे छुआछूत

किस बात का शोर है, यह देखने गए पुरुष वापस लौटे। शोर शत्रुओं का ही था, क्योंकि उसी मार्ग से मोपलों की एक दूसरी बड़ी टोली हिंदुओं का शिकार करती आ रही थी। उस संकट में वे पुरुष भी, अब क्या होगा, इस भय से काँप रहे थे। एक भयानक संकट का सामना करने में तथा उसे हराने में उनकी सारी शक्ति खर्च हो गई थी।

हो जाएगी।'' दामू हँस पड़ा, ''ब्राह्मणों के साथ यदि बराबरी करनी होगी तथा ब्राह्मणों को हमें छूना चाहिए ऐसा कहने का यदि अधिकार चाहिए तो हरिजनों को पहले वह अधिकार स्वयं को देना चाहिए। तू मसकुनी होगी लेकिन तू हिंदू है। मैं हिंदू हूँ। मेरे हाथ से यह छुरी ले ले। अगर मुसलमानों की छुआछूत चलती है तो तुझ जैसी हिंदू की क्यों नहीं चलेगी? हिंदू धर्म के लिए मरने का आवेश तुझमें उत्पन्न हुआ—अब तू ब्राह्मणों को भी पूजनीय है! ले छुरी, और जो पहला धर्मशत्रु दिखे, उसपर—अगर वह अत्याचारी होगा तो—कर देना इसका वार! मालती ने वह छुरी दामू के हाथ से ले ली। नियति की क्या इच्छा है, वह देखते हुए वे सभी पेड़-पौधों के पीछे छिप गए।

मैं हिंदू हूँ। मेरे हाथ से यह छुरी ले ले। अगर मुसलमानों की छुआछूत चलती है तो तुझ जैसी हिंदू की क्यों नहीं चलेगी? हिंदू धर्म के लिए मरने का आवेश तुझमें उत्पन्न हुआ—अब तू ब्राह्मणों को भी पूजनीय है! ले छुरी, और जो पहला धर्मशत्रु दिखे, उसपर—अगर वह अत्याचारी होगा तो—कर देना इसका वार!

थोड़ी ही देर में जोर-जोर से 'दीन-दीन', 'अल्लाह हो अकबर' की क्रूर गर्जना करती हुई, डेढ़ सौ मुसलमानों की टोली बिल्कुल पास आ गई। उस विद्रोह में आसपास के दस-बारह मोपला एकत्रित होकर तथा किसी हरे कपड़े का ध्वज तुर्कों का ध्वज मानकर उसे उठाकर हिंदुओं को लूटते, मारते आगे बढ़ रहे थे। जो मुसलमान जितना अधम और बदमाश होता, वह उतना ही प्रखर धर्मवीर बन जाता था, क्योंकि धर्मयुद्ध जैसा धंधा और कहीं भी मिलना उन्हें संभव नहीं था। वे राक्षस चिल्लाते घूमते, ढूँढ़ते आ रहे थे, क्योंकि हिंदुओं की भाग-दौड़ में लोग जान बचाने के लिए आसपास छिपे हुए ही अधिकतर मिल जाते थे। वे आ गए। दुर्दैव से उस झाड़ी की ओर उनमें से कुछ लोगों का रुख हो गया। 'काफिर', 'काफिर' की एक ही ध्वनि उठी। जो पहले दस-पाँच मोपला आए वे उस युवा थिय्या की तथा उसके सहायकों की तलवार से मारे

गए। लेकिन फिर उस पूरी टोली का छापा उनपर आ पड़ा। तलवारें देखकर स्त्रियाँ तो चीख पड़ीं। खटखट तलवारें चलने लगीं। तीन-चार तलवारें हरिहर शास्त्रीजी के बेटे पर एकदम से पड़ीं और वह टुकड़े-टुकड़े होकर गिर पड़ा। किसी डंडे के आघात से उस बूढ़ी मसकुनी का सिर नारियल जैसा फट से फूट गया। अपने भाई का वध हुआ देख सुमति किसी शेरनी की तरह वध करनेवाले उन मुसलमानों पर टूट पड़ी। दोनों के पेट चीर डाले कि इतने में पीछे से मोपलों ने लिपटकर उसके हाथ की छुरी छीन ली। वे उसके साथ छेड़-छाड़ कर ही रहे थे कि इतने में 'हाँ! दूर हो जाइए!' ऐसी अधिकारपूर्ण आज्ञा हुई। तब वे मोपला निराश होकर पीछे हटे और उस टोली के प्रमुख नेता ने कहा, "इस छोकरी को बिल्कुल परेशान न करो पर इसके हाथ बाँधकर मेरे साथ ले चलो।" आँखें मिचकाते हुए वे मोपला सुमति को बाँधकर आगे ले जा रहे थे। मार्ग पर चलने तक सुमति मानो बेहोश ही थी। वहाँ उसके आगे ही घावों से भरा तथा विकल वह थिय्या युवक बाँधकर पहरे में ले जाया जा रहा था।

अपने भाई का वध हुआ देख सुमति किसी शेरनी की तरह वध करनेवाले उन मुसलमानों पर टूट पड़ी। दोनों के पेट चीर डाले कि इतने में पीछे से मोपलों ने लिपटकर उसके हाथ की छुरी छीन ली। वे उसके साथ छेड़-छाड़ कर ही रहे थे कि इतने में 'हाँ! दूर हो जाइए!'

वह मसकुनी मालती, लक्ष्मी तथा स्थूलेश्वर शास्त्री की स्त्रियाँ मोपलों ने भगाईं या उस भीड़ में मारी गईं, उसे कुछ पता न चला। थोड़ा आगे जाते ही एक गाड़ी दिखाई दी। तब वह टोली का नेता बोला, "इस छोकरी को इस गाड़ी में बैठाओ।" सुमति को उठाकर उस गाड़ी में रखा गया। वह नेता भी उस गाड़ी में बैठा और वह गाड़ी, दामू थिय्या को जिस दिशा में जे जाया जा रहा था, उसकी उलटी दिशा में निकली। अब तो कठिन-से-कठिन, भयानक-से-भयानक जो कुछ संकट उसपर आ सकता था, वह सुमति पर आ गया! अब तो दामू दूर गया! अब तो वह अकेली रह गई।

उसका धैर्य चुक गया, वह धाड़-धाड़ रोने लगी! 'दामू, दामू!' ऐसी पुकार उसने इतनी विह्वलता से तथा पागल की तरह की जितनी उसने पहले कभी न की होगी; लेकिन गाड़ी तेजी से जा रही थी। दामू दृष्टि से ओझल हो गया। उस निराधार स्थिति में उसके मन में वियोग से होनेवाले डंकों की वेदनाओं का वर्णन कैसे किया जाए! सचमुच वह पानी से निकाली मछली की तरह तड़प रही थी।

और दामू? पिछले दो दिन उसकी सारी भावनाएँ, उसके विचार, उसकी सोच, उसके खून की बूँद का प्रत्येक स्पंदन सुमति के बारे में था। इस बात से वह अपने आपको शर्मिंदा महसूस करने लगा कि अंत में वह उसकी रक्षा न कर पाया; और फिर भी जिंदा रहा! और अब वह दृष्टि से ओझल हो गई। दामू—वह अठारह वर्ष का कोमल युवक—वह छोकरा—वह भी उस लड़की के लिए जोर-जोर से रोने लगा।

सुमति को उस प्रमुख ने थोड़ा डाँटकर, थोड़ी दया दिखाकर पूछा, "छोकरी! रोएगी, चिल्लाएगी तो इससे भी अधिक कष्ट में पड़ेगी। मेरे किसी नौकर के पल्ले में डाली जाएगी। लेकिन मुझे पता है कि तू ऐसी पागल नहीं। सुन, मैं इस टोली का प्रमुख हूँ। इस जिले का कलेक्टर हूँ। मेरा नाम तूने सुना होगा। इस खिलाफत राज में अली मुसेलियर के साथ-साथ मेरा अधिकर चलता है। खलीफा ने मुझे कलेक्टर पद दिया है, इसलिए कुट्टम का मौलवी भी मेरा कनिष्ठ हो गया है। तुझसे मुझे प्रेम हो गया है, इसलिए कहता हूँ। क्या मेरा नाम तुझे सचमुच ही पता नहीं? मेरा नाम ऐतखान है।"

उसका धैर्य चुक गया, वह धाड़-धाड़ रोने लगी! 'दामू, दामू!' ऐसी पुकार उसने इतनी विह्वलता से तथा पागल की तरह की जितनी उसने पहले कभी न की होगी; लेकिन गाड़ी तेजी से जा रही थी। दामू दृष्टि से ओझल हो गया। उस निराधार स्थिति में उसके मन में वियोग से होनेवाले डंकों की वेदनाओं का वर्णन कैसे किया जाए!

स्वयं ही प्रश्न पूछता और स्वयं ही उत्तर देता वह मोपला ऐतखान, जिसे हमने कालीकट की उस सभा में देखा था, सुमति का मनोरंजन कर रहा था! जैसेकि अच्छी मछली हाथ लगने के आनंद से मछुआरे द्वारा गाया जानेवाला गीत, पानी से निकाली हुई तथा तड़पती हुई मछली का जितना मनोरंजन करता है, उस मोपला की बातें भी सुमति का उतना ही मनोरंजन कर रही थीं।

स्वयं ही प्रश्न पूछता और स्वयं ही उत्तर देता वह मोपला ऐतखान, जिसे हमने कालीकट की उस सभा में देखा था, सुमति का मनोरंजन कर रहा था! जैसेकि अच्छी मछली हाथ लगने के आनंद से मछुआरे द्वारा गाया जानेवाला गीत, पानी से निकाली हुई तथा तड़पती हुई मछली का जितना मनोरंजन करता है, उस मोपला की बातें भी सुमति का उतना ही मनोरंजन कर रही थीं।

जल्दी ही गोपुर गाँव आ गया। सुमति को वह ऐतखान एक कमरे में ले गया, जिसकी दीवारें मिट्टी से लिपी थीं और जिसमें एक दरी बिछाई हुई थी। उसके सामने कुछ खाना रखकर लेकिन उसपर कड़ा पहरा बैठाकर कहा, "सहेली! तू शांत हो जा और मेरे बँगले में रह। शांत हो जा, तुझे मेरे गले की कसम है। कल मैं यहाँ के ब्राह्मणों को मारकर उनके बँगले में ही ठिकाना बनानेवाला हूँ। आज का दिन यहाँ काट ले। मैं शाम को आऊँगा।" ऐसा कहकर वह मोपला चला गया। सुमति तो तड़प रही थी। खाने की तो बात ही क्या—पानी की बूँद भी उसने नहीं ली। 'पिताजी! दामू! भैया!' कहती हुई, अब आगे क्या किया जाए इसकी योजनाएँ बनाती और वे असंभव हैं, यह समझ में आते ही उदास होती हुई शाम तक बेचैन सी बैठी रही।

परंतु मन के दु:ख को नियति ने नैसर्गिक मर्यादा दे रखी है। दो दिनों की असह्य घटनाओं के बोझ से सुन्न उसका शरीर और मन इतना संवेदनाशून्य होता गया कि एक-एक मज्जापिंड तथा एक-एक रक्तपिंड निश्चेतन होता

गया। अंत में उसे नींद कहो या मूर्च्छा आई और वह निश्चल और निर्जीव सी पड़ गई।

रात को वह ऐतखान फिर से ऊपर आया। सुमति को गहरी नींद में देखकर उसे एक तरह का आनंद हुआ, क्योंकि उसका रोना, चिल्लाना सुनकर उसका जो रसभंग होता था, वह अब नहीं होगा। उसने उसे जी भरके देख लिया। यह ब्राह्मण कुल की शुचिर्भूत, सुंदर—कितनी पीढ़ियों के पुण्य करने पर भी मुझ जैसे के पल्ले न पड़नेवाली—कनकलतिका आज बिल्कुल मेरे हाथ में है! उसके होंठ कितने मीठे होंगे। ऐसी कल्पना करते हुए वह छिप गया। उसने उसके यथेच्छ चुंबन लिये। यह ऐसी गहरी नींद में है, यही अच्छा हुआ! नहीं तो बहुत शोर मचाती! ऐसा कहते हुए उसके पास अपना शरीर बिछाया और उसे छाती से कस लिया। 'या अल्लाह! तूने मेरी धर्म-वीरता का फल दिया! अल्लाह, यह परी मुझे दे दी, कुरान ईश्वर-प्रणीत है इसमें कुछ संदेह ही नहीं। उसके वचन सत्य हैं। ईमानदार को परी मिलेगी, यह वचन, अल्लाह तूने सच किया! कितनी कोमल देह!' ऐसा सोचते-सोचते वह ईमानदार मोपला कामोन्मत्त हुआ। उसने सुमति को फिर से इतना कसकर छाती से लगा लिया कि कीचड़ में धँसी कमलिनी की तरह वह दिखाई नहीं दे रही थी। 'रात भर ऐसी ही रहना प्यारी लड़की। जग न जाना!' ऐसा कहते हुए वह उसके पल्लू को हटाने लगा। सूरज की किरण ने भी जो नहीं देखे थे, ऐसे उसके प्रत्यंग उसे दिखाई देने लगे। उत्कट काम से अधीर होकर वह उसे स्पर्श करने लगा।

रात को वह ऐतखान फिर से ऊपर आया। सुमति को गहरी नींद में देखकर उसे एक तरह का आनंद हुआ, क्योंकि उसका रोना, चिल्लाना सुनकर उसका जो रसभंग होता था, वह अब नहीं होगा। उसने उसे जी भरके देख लिया। यह ब्राह्मण कुल की शुचिर्भूत, सुंदर—कितनी पीढ़ियों के पुण्य करने पर भी मुझ जैसे के पल्ले न पड़नेवाली—कनकलतिका आज बिल्कुल मेरे हाथ में है!

इतने में 'तौबा! तौबा!' कहकर वह जोर से चीख पड़ा। लेकिन एकांत में किसीने सुना नहीं। वह दिया उठाने लगा तो लड़खड़ाकर गिर पड़ा।

रात समाप्त हुई। सुबह हुई। गाँव में मोपलों की दूसरी टोली आकर हो-हल्ला मचाने लगी। ऐतखान के लोगों ने डरकर, यह चिंताजनक समाचार ऐतखान को बताने के लिए दरवाजा खटखटाया। जब न खुला तो उसे तोड़ दिया—और देखा तो क्या?

ऐतखान मरा पड़ा है और एक भयानक नाग सुमति के सिर पर छत्र की तरह अपना फन फैलाकर डोल रहा है। ऐतखान के बदन पर सर्प के भयानक दंश इतने हुए हैं कि उसके रंध्रों में से विष से दूषित लहू झर रहा है।

'नाग! नाग!' कहते हुए जहाँ-तहाँ शोर मच गया। सुमति उस दरवाजे की खटखटाहट से ही अपनी कालनिद्रा से जो थोड़ी-थोड़ी चौंक रही थी, वह अब पूरी तरह से जग गई थी। देखा तो वह नाग उसके पैर को चुटचुट चाट रहा था। 'फणींद्र, मेरा फणींद्र!' कहते हुए सुमति ने उसके बदन पर हाथ फेरा और वह गाना गाने लगी, जो उस नाग को भाता था। गहरी नींद से उठने के कारण उसे लगा कि वह अपने बगीचे में ही हमेशा की तरह सुबह फणींद्र के साथ खेल रही है!

'नाग! नाग!' कहते हुए जहाँ-तहाँ शोर मच गया। सुमति उस दरवाजे की खटखटाहट से ही अपनी कालनिद्रा से जो थोड़ी-थोड़ी चौंक रही थी, वह अब पूरी तरह से जग गई थी। देखा तो वह नाग उसके पैर को चुटचुट चाट रहा था। 'फणींद्र, मेरा फणींद्र!' कहते हुए सुमति ने उसके बदन पर हाथ फेरा और वह गाना गाने लगी, जो उस नाग को भाता था।

इतने में ऐतखान और उसके पास पड़ी उसकी छुरी को देखकर अब उसे उस स्थिति का पूरा ध्यान आ गया। उसे लगा कि उसकी रक्षा के लिए यह फणींद्र—यह साँप—पिए हुए दूध का उपकार याद कर मुझपर नजर रखकर मेरे पीछे आया और अंत में मैं जब बिल्कुल निराधार स्थिति में थी, तब इस

दुष्ट ऐतखान के स्पर्श से मेरा कौमार्य भंग होने के पहले ही बदला लेने के लिए उसने ऐतखान को डसकर मार डाला; सचमुच सर्प के रूप में ईश्वर मेरा त्राता बना। द्रौपदी की लाज जिसने रखी, उसने मेरी भी लाज रखी। वह हमेशा भक्त की लाज ऐसी ही रखता है; ऐसा विचार अचानक उसके मन में बिजली की तरह चमक गया।

परंतु पागल लड़की जरा रुक जा! अपने न्याय की कल्पना को मिलने-जुलनेवाली घटनाएँ स्मृति में रखकर तथा लाज की रक्षा वह करता ही है, इस मानवी सुविधाजनक लेकिन पगली धारणा में इतनी न फँसना। अंत में परमात्मा लाज की रक्षा करेगा, इस धारणा की अपेक्षा तू अपनी कमर में खोंसी हुई छुरी पर ज्यादा निर्भर रहना। इस धारणा की अपेक्षा समय पर वही काम आएगी। ऐतखान मर गया—लेकिन मोपला अभी जीवित हैं!

सुमति के मन में यह विचार बिजली की तरह चमक ही गया था कि मोपला कमरे में घुस आए। वह नाग किसी युद्धवीर की तरह उनपर टूट पड़ा। दो-तीन मिनट में दो-तीन मोपलों को जोर से काटकर दो-तीन तलवारों के आघात से वह टुकड़े-टुकड़े होकर गिरा। मोपला सुमति से चिपक गए। उसने छुरी बाहर निकाली और एक कोने का आश्रय लेकर उस शोरगुल में दो-तीन मोपलों के पेट काटे और उन्हें जान से मारकर जमीन पर गिरा दिया। फिर स्वयं अपने पेट में वह छुरी घुसाने के लिए उसने हाथ आगे बढ़ाया ही था कि उसका हाथ पकड़ लिया गया। उसने अपने आपको मार लेने की व्यर्थ कोशिश की; लेकिन उसे मरने कौन देता है ? इतने में उसने उस चिपके हुए मोपला की तलवार पर सिर पटक लिया, तब माथे पर घाव लगा और वह

सुमति के मन में यह विचार बिजली की तरह चमक ही गया था कि मोपला कमरे में घुस आए। वह नाग किसी युद्धवीर की तरह उनपर टूट पड़ा। दो-तीन मिनट में दो-तीन मोपलों को जोर से काटकर दो-तीन तलवारों के आघात से वह टुकड़े-टुकड़े होकर गिरा। मोपला सुमति से चिपक गए।

थोड़ा फट गया था। उससे खून की धारा उसके चेहरे पर बह रही थी। मारे गए मोपलों के पेट के खून का कीचड़ उस कमरे में फैला हुआ था। उसी में उस साँप के टुकड़े चमक रहे थे, जरा से कुलबुला रहे थे। जो पाँच-छह मोपले अंदर घुसकर सुमति को पकड़े खड़े थे, उन्होंने उसे फूल की भाँति हलके से उठाकर, उसकी छुरी हाथ से निकाल ली और उसे भी उस खून के कीचड़ में नीचे सुलाया!

"फजल! देखता क्या है..." एक मोपला ने सुमति के हाथ तानकर पैरों के पास खड़े अपने साथी से कहा, "अरे, कल उस झुरमुट ही में यह पंछी अपने हाथ लगना था; लेकिन ऐतखान ने बीच में ही छल किया। अब देखता क्या है ? नहीं तो उस मौलवी की टोली के लोग अगर एक बार यहाँ आ गए तो इस छबीली के ये पेड़ों से भी मीठे चुंबन मौलवी की थाली में जा पड़ेंगे, और हम फिर चटकारे भरते रहेंगे।" कहते हुए वह सुमति के उन गालों को उन्मत्त हो चूमता रहा जिसपर से खून की धारा बह रही थी। 'अरे यार मेरे वास्ते तो रख!' 'मेरे लिए रख' ऐसा उच्छृंखल हँसी-मजाक करते हुए वे पाँच-छह पशु अत्यंत कामोद्दीप्त हो उस घायल कन्या से चिपक गए।

एक मोपला ने सुमति के हाथ तानकर पैरों के पास खड़े अपने साथी से कहा, "अरे, कल उस झुरमुट ही में यह पंछी अपने हाथ लगना था; लेकिन ऐतखान ने बीच में ही छल किया। अब देखता क्या है ? नहीं तो उस मौलवी की टोली के लोग अगर एक बार यहाँ आ गए तो इस छबीली के ये पेड़ों से भी मीठे चुंबन मौलवी की थाली में जा पड़ेंगे, और हम फिर चटकारे भरते रहेंगे।"

समाज की सुव्यवस्थित अवस्था में उनके मनोविकार मर्यादित दबाव में होते हैं, इसलिए शायद वे असंतुष्ट होते हैं। राक्षस प्रवृत्ति के जिन लोगों में ये मनोविकार अत्यधिक मात्रा में होते हैं, उनकी असंतुष्टि भी उत्कट ही होती है। ऐसे पाशविक मनुष्यों को अपने वे दुष्ट तामसी मनोविकार तृप्त करना तब

सहज-सुलभ होता है, जब समाज पर कोई भयानक संकट आने से अव्यवस्था फैलती है। इसलिए भयानक बीभत्स तथा उच्छृंखल भीषणता इनके कामुक मनोविकारों की शामक नहीं होती, बल्कि उत्तेजक ही होती है। खून के उस कीचड़ में गिराई हुई, बलपूर्वक इंद्रियों को दबाए, घावों से बहनेवाले खून से सनी उस निरपराध कन्या से लिपटते समय उनकी उग्र कामवासनाएँ उत्कटता से प्रकट हो रही थीं, जबकि भयानक मारकाट और खून-खराबे से इंद्रियोन्माद को विरस होना चाहिए था। 'अरे यार! इस, इस साली ने दो मुसलमानों को यहाँ मार गिराया है। इसका अच्छा बदला लेना चाहिए! हाँ, ले लो बदला!' 'हाँ ले लो बदला!' कहते हुए जोर-जोर से हँसते हुए तथा बीभत्स हँसी-मजाक करते हुए उन नरपशुओं ने उस कन्या के साथ भयानक बलात्कार करना शुरू किया। एक-दो-तीन, एक के बाद एक वे नरराक्षस 'ले लो बदला!' कहते हुए और कहकहे लगाते हुए, ताल पकड़कर अघोर उपभोग करने लगे। उस अमानुषिक भीषणता के कारण उनके काम विकार अमानुषिक संतोष प्राप्त करने लगे।

मनुष्य जाति को कभी-कभी जो बीभत्स कृत्य करते समय शर्म नहीं आती, उसकी कहानी सुनते समय बड़ी शर्म आती है! इसलिए इतना ही कहना पर्याप्त है कि नौ-दस नरपशुओं ने, पशुओं को भी न सूझते होंगे ऐसे बीभत्स प्रकारों से अपने इंद्रिय उन्मादों से उस कन्या के शरीर तथा लज्जा की बलि लेते हुए बलात्कार-पर-बलात्कार किए।

मनुष्य जाति को कभी-कभी जो बीभत्स कृत्य करते समय शर्म नहीं आती, उसकी कहानी सुनते समय बड़ी शर्म आती है! इसलिए इतना ही कहना पर्याप्त है कि नौ-दस नरपशुओं ने, पशुओं को भी न सूझते होंगे ऐसे बीभत्स प्रकारों से अपने इंद्रिय उन्मादों से उस कन्या के शरीर तथा लज्जा की बलि लेते हुए बलात्कार-पर-बलात्कार किए।

लेकिन वह बलात्कार उस निष्पाप तथा निरपराध कन्या के साथ नहीं

था बल्कि उसके शव के साथ था। वह बच्ची तो उन भयानक तथा क्रूर यातनाओं से कब की गतप्राण हो गई थी।

गतप्राण—लेकिन वह बच्ची किसी धर्मवीर की भाँति, 'मारते-मारते' गतप्राण हुई थी। परसों इसी समय फूलों की मालाएँ गूँथकर वह श्रीरंग की उस मूर्ति पर चढ़ाने के लिए, स्नान कर स्तोत्र बोलने जा रही थी। ईश्वर-पूजा के फूल की तरह पवित्र सुकोमल तथा सुगंधित वह कन्या जब उस मार्ग से जा रही थी, तब वायु उसके बदन को स्पर्श करने में संकोच कर रहा था और कह रहा था कि 'अपूर्व पुण्य का फल जिसकी गाँठ में होगा, ऐसे ही किसी भाग्यशाली युवक को यह कन्या अपने स्पर्श से धन्य करेगी।'

लेकिन उस एक दिन-रात के अंदर उसके भाग्य में यह कैसा अंतर आ पड़ा! और क्यों? उसका क्या अपराध? उसने किसीका क्या बुरा किया था? इन मोपलों की ही बात छोड़ो, उसने दुनिया में किसका क्या बुरा किया था? साँप से भी वह प्रेम करती थी। साँप को भी वह उसी हिंदू जाति की तरह पाल रही थी, जिस हिंदू जाति में उसने जन्म लिया था।

तो क्या उसका अपराध यही था कि वह हिंदू जाति की थी। केवल इतना ही! किसी हिंदू धर्मवीर की भाँति, हिदू धर्म तथा हिंदू राष्ट्र के शत्रुओं से लड़ते-लड़ते वह मरी। उसकी उस अनछुई पवित्रता से, उन मधुर स्तोत्रों से तथा फूलों की उन मालाओं से श्रीरंग जितना संतुष्ट हुआ होगा उसके शत सहस्र गुना वह आज की उस अशुद्धता

तो क्या उसका अपराध यही था कि वह हिंदू जाति की थी। केवल इतना ही! किसी हिंदू धर्मवीर की भाँति, हिदू धर्म तथा हिंदू राष्ट्र के शत्रुओं से लड़ते-लड़ते वह मरी। उसकी उस अनछुई पवित्रता से, उन मधुर स्तोत्रों से तथा फूलों की उन मालाओं से श्रीरंग जितना संतुष्ट हुआ होगा उसके शत सहस्र गुना वह आज की उस अशुद्धता से लिथड़ी, घावों से घायल, बलात्कार से भ्रष्ट, बीभत्स अपवित्रता से संतुष्ट होगा।

से लिथड़ी, घावों से घायल, बलात्कार से भ्रष्ट, बीभत्स अपवित्रता से संतुष्ट होगा। मंदिर में शांत, निर्विघ्न गोमुखी में हाथ डालकर जो जप करते हैं, घंटी की मधुर ध्वनि के सिवा जिनकी शांति किसीसे भी भंग नहीं होती, मंदिर के ऐसे निस्तब्ध गर्भगृह में आँखें मूँदकर पंचपकवान का भोग—जो जल्द ही उनके अपने मुँह में जानेवाला है—लगाते हैं, ऐसे भक्त और पूजक बहुत हैं। उनकी पूजा भी ईश्वर को मान्य होगी; लेकिन ऐसा जप करनेवाले किसी भी साधु की अपेक्षा यह हिंदू कन्या कम पवित्र नहीं जो हिंदू धर्म तथा हिंदू राष्ट्र पर आई भयानक आपत्ति के समय हिंदू धर्म के प्रति एकनिष्ठ रहकर शत्रुओं से लड़ी तथा बलात्कार की बीभत्स गंदगी से जूझते हुए बलिदान गई। नहीं! नहीं! उसकी इस अशुद्धता से उसका वह बलिदान अधिक शुद्ध है। निश्चय ही वह ईश्वर को अधिक मान्य है, होना ही चाहिए, क्योंकि ऐसे आपतकाल में, भयानक क्रूर अत्याचार में, देवगणों के पद्मासनों की अपेक्षा रणभूमि के पराक्रम ही वेदों की, देवों की, सती की तथा धर्म की रक्षा यशस्विता से करते आए हैं; करनेवाले हैं। हवनों के पिष्ट बलिदानों की अपेक्षा हुतात्माओं के प्राणों का बलिदान ही परमात्मा को कभी-कभी अधिक प्रिय होता है!

□

प्रकरण–7

अधमों के अत्याचार

जैसाकि पिछले प्रकरण में बताया है, गोपुर गाँव में सुमति के पालतू भयानक नाग द्वारा ऐतखान को डसकर मार दिया गया था। उसी समय मौलवी की टोली के लोग सुमति को खोजते हुए उस गाँव में आ पहुँचे। अधिकार जताने के लिए ऐतखान की और मौलवी में होड़ लगी थी। दोनों अपनी–अपनी कहते थे कि उन्हें खलीफा ने कलेक्टर बनाकर कुट्टम तथा गोपुर दोनों तालुकाओं पर मुकर्रर किया है। उसमें भी हिंदुओं को भ्रष्ट करते समय ऐतखान शिया पंथ की दीक्षा देता था, परंतु मौलवी सुन्नी पंथ का था और मुसलमान पंथ में दिखनेवाला परंपरागत भयानक द्वेष उसके रोम–रोम में भरा था। उसे काफिर हिंदू चाहे क्षम्य लगते थे; परंतु शिया फूटी आँखों भी नहीं देखे जाते थे। शिया लोग अली के बाद के खलीफा को बिल्कुल नहीं मानते। इसलिए ऐतखान खिलाफत राज्य से कभी भी नेक राजनिष्ठा नहीं रख सकता, ऐसा मौलवी का कहना था।

स्वराज्य अर्थात् खिलाफत राज तथा एकता अर्थात् सभी हिंदुओं को भ्रष्ट कर सभी को मुसलमान बनाने की जो परिभाषा की गई, उसीकी अगली आवृत्ति करते हुए मौलवी ने खिलाफत राज अर्थात् सुन्नी मुसलमानों का राज और एकता अर्थात् न सिर्फ सभी हिंदुओं को, बल्कि सभी शिया मुसलमानों को काफिर तथा दंभीक समझकर नष्ट करते हुए सुन्नी मुसलमानों को अस्तित्व में रखना, ऐसी नई परिभाषा बनाई। उस रात उसे कुट्टम गाँव का अधिकार मिलते ही समाचार मिला कि सुमति गोपुर गाँव के रास्ते से भागी

है। तब ऐतखान के बारे में उसके मन में धधकती द्वेषाग्नि में तीसरी तथा अत्यंत विस्फोटक, ईर्ष्या के मद्य की आहुति पड़ी और उसने ऐतखान का सत्यानाश करने की ठान ली। उसके अधिकार से स्पर्धा करनेवाला, शिया होते हुए खिलाफत राज्य में अधिकारी होने की इच्छा करनेवाला तथा काफिरों को शिया पंथी मुसलमान बनाकर खिलाफत के शत्रु बढ़ानेवाला और सुमति जब उसके चंगुल से खिसक रही थी तब खुद ही उसे बीच में हड़प करने का साहस करनेवाला ऐतखान और उसके अनुयायी, सबका नाश करने के लिए मौलवी की टोली कुट्टम गाँव से निकलकर गोपुर गाँव में अचानक जा टकराई। ऐतखान को सुमति के उस नेक साँप ने जान से मार डाला था, इसलिए मौलवी विशेष बाधाओं के बिना मारते, काटते मार्ग निकालते प्रमुख स्थान पर अर्थात् ऐतखान ने सुमति को जहाँ रखा था, वहाँ आ पहुँचा। उसके आने का समाचार मिलते ही ऐतखान की टोली के फजल और अन्य नरराक्षस सुमति की लाश को उस अधम स्थिति में वैसे ही छोड़कर भाग गए। पूजा की फूलमाला की भाँति पवित्र तथा कोमल उस सुंदर कन्या की देह को उस बीभत्स तथा अत्याचार का शिकार बना देख मौलवी को भी उन पापी मोपलों से घृणा हुई। मानवी स्वभाव का निरीक्षण करनेवाले को इस बात का पता है कि मनुष्य कई बार जो पाप स्वयं सहजता से करता है, उसे दूसरे द्वारा किया हुआ देख या सुनकर उस कृत्य की कड़ी भर्त्सना करने के लिए आसानी से प्रवृत्त होता है। उसमें भी फजल आदि मोपलों द्वारा किया गया बलात्कार बाकी सभी बलात्कारों से भयानक

ऐतखान को सुमति के उस नेक साँप ने जान से मार डाला था, इसलिए मौलवी विशेष बाधाओं के बिना मारते, काटते मार्ग निकालते प्रमुख स्थान पर अर्थात् ऐतखान ने सुमति को जहाँ रखा था, वहाँ आ पहुँचा। उसके आने का समाचार मिलते ही ऐतखान की टोली के फजल और अन्य नरराक्षस सुमति की लाश को उस अधम स्थिति में वैसे ही छोड़कर भाग गए।

था; और मौलवी द्वारा किया हुआ अथवा उससे भी अनुमोदित नहीं था। और उससे भी बुरी बात यह थी कि सुमति उसका शिकार हुई थी, जिसकी प्राप्ति की आशा से मौलवी उत्तेजित हुआ था। तब स्वाभाविक रूप से मौलवी का क्रोध बढ़ा और उसने अपनी टोली के प्रमुखों में से हसन से कहा, ''हसन! यह खिलाफत राज की निष्कंलक कीर्ति को, मुझे लगता है, जान-बूझकर कलंक लगाते घूम रहा था!''

''सरकार, इस पवित्र ब्राह्मण छोकरी पर हुआ अत्याचार इतना भयानक है कि मुझे लगता है, कोई भी सच्चा मुसलमान ऐसा भयानक कृत्य नहीं करेगा।''

कुट्टम में हुए दंगे में एक रात जिसने स्थूलेश्वर शास्त्री की बेटी तथा पत्नी के साथ उनके माता-पिता के सामने इतना ही घोर बलात्कार किया था, उस वजीर ने कहा, ''जो ऐसा पापकर्म करता है वह असली मुसलमान नहीं!''

''सरकार, इस पवित्र ब्राह्मण छोकरी पर हुआ अत्याचार इतना भयानक है कि मुझे लगता है, कोई भी सच्चा मुसलमान ऐसा भयानक कृत्य नहीं करेगा।'' कुट्टम में हुए दंगे में एक रात जिसने स्थूलेश्वर शास्त्री की बेटी तथा पत्नी के साथ उनके माता-पिता के सामने इतना ही घोर बलात्कार किया था, उस वजीर ने कहा, ''जो ऐसा पापकर्म करता है वह असली मुसलमान नहीं!''

''बिल्कुल सही!'' उस भीड़ में घुसकर किसी फकीर जैसे मुसलमान ने कहा, ''वजीर, यह तत्त्व अगर तुमने कुट्टम के दंगे की रात में समझा होता तो मालाबार में आजकल बढ़े असली मुसलमानों की संख्या में एक की कमी होती।''

''लगता है यह ऐतखान की टोली का मुसलमान है! पाजी कहीं का!'' हसन गुस्से से फुत्कारा।

''होगा, शिया मुसलमान होगा।'' अब्दुल ने आक्षेप किया।

''यह मुसलमान ही नहीं होगा।'' पगले मोहम्मद ने कहा।

"मैं ऐतखान की टोली का नहीं हूँ और मौलवी की टोली का भी नहीं हूँ। मैं शिया मुसलमान भी नहीं हूँ और आप जिस अर्थ में समझते हैं उस अर्थ में सुन्नी भी नहीं हूँ; और आप इस विद्रोह के आरंभ से जो अमानुषिक कृत्य चला रहे हैं वही अगर मुसलमान धर्म की सीख है तो मैं मुसलमान भी नहीं हूँ। मैं उस टोली का हूँ जिसके प्रमुख पैगंबर मोहम्मद (ईश्वर उनकी आत्मा को शांति तथा धन्यता दे!) जो कुरान को पवित्र पुस्तक मानते हुए भी मानव जाति पर उसकी सीख को जबरदस्ती लादना पाप समझते हैं और जो किसी भी मनुष्य को, वह मुसलमान है या हिंदू, यह देखने से पहले वह मनुष्य है या नहीं, यही ईश्वर पहले देखेगा ऐसा मानते हैं! हिंदू लोग भी मनुष्य ही हैं, उनके साथ यह बलात्कार, ये अत्याचार!"

"यह काफिरों की ओर से बोलता है, ये काफिर हिंदू अंग्रेजों की नौकरी करते हैं!"

"अंग्रेजों की नौकरी मुसलमान भी करते हैं! तुर्कों के विरुद्ध हजारों मुसलमान लड़े। फिर अगर हिंदू अंग्रेजों की नौकरी करते हैं इसीलिए आप उन्हें मारते हैं और मंदिर गिराए जाते हैं तो मुसलमानों की मसजिदें भी क्यों नहीं गिराते? पहले यह बताओ कि क्या हिंदुओं को अंग्रेजों की नौकरी से परावृत्त करने का कार्य साधने के लिए तुम उनकी निरपराध और निष्पाप कन्याओं के पातिव्रत्य को अपनी कामाग्नि पर बलि चढ़ाते हो? तुम्हें अल्लाह की कसम है! बताओ, क्या इन अत्याचारों के लिए अल्लाह तुम्हें माफ करेगा?

अंग्रेजों की नौकरी मुसलमान भी करते हैं! तुर्कों के विरुद्ध हजारों मुसलमान लड़े। फिर अगर हिंदू अंग्रेजों की नौकरी करते हैं इसीलिए आप उन्हें मारते हैं और मंदिर गिराए जाते हैं तो मुसलमानों की मसजिदें भी क्यों नहीं गिराते? पहले यह बताओ कि क्या हिंदुओं को अंग्रेजों की नौकरी से परावृत्त करने का कार्य साधने के लिए तुम उनकी निरपराध और निष्पाप कन्याओं के पातिव्रत्य को अपनी कामाग्नि पर बलि चढ़ाते हो?

मैं मुसलमान हूँ इसलिए पूछता हूँ, क्या तुम्हारा कुरान यही सिखाता है?''

''बिल्कुल, ऐ बेवकूफ! अल्लाह ईमानदार के हजार अपराध क्षमा कर देगा। अल्लाह बड़ा रहमदिल है! लेकिन तूने तो कुरान का मुँह तक नहीं देखा होगा। नहीं तो इस जिहाद में गैर-मुसलमानों की सभी संपत्ति, घर-बार, औरतें और बच्चे मुसलमानों की धर्म-संपत्ति बन जाते हैं—अध्याय चौथा, आयत पाँच यही बताती है। सुन, तूने कुरान तो पढ़ा नहीं, इसका मतलब है कि तू कोई सूफी अथवा बाबी ऐसे ही मुसलमान कहलवानेवाले किसी दंभीक पक्ष का होगा। नहीं तो शिया तो तू है ही।''

'तू शिया है! तू बाबी है! तू सूफी है।' कहते हुए मौलवी की टोली से एक साथ पत्थर मारना शुरू हुआ। ऐतखान की टोली के जो शिया थे, उनसे यह अपमान सहा नहीं गया और वे भी मौलवी की टोली पर टूट पड़े। कुछ देर तक मुसलमानों के उन दो पक्षों में जोरदार लड़ाई चली और कई मोपले मारे गए, कई घायल होकर तड़पने लगे।

'तू शिया है! तू बाबी है! तू सूफी है।' कहते हुए मौलवी की टोली से एक साथ पत्थर मारना शुरू हुआ। ऐतखान की टोली के जो शिया थे, उनसे यह अपमान सहा नहीं गया और वे भी मौलवी की टोली पर टूट पड़े। कुछ देर तक मुसलमानों के उन दो पक्षों में जोरदार लड़ाई चली और कई मोपले मारे गए, कई घायल होकर तड़पने लगे। ऐतखान की मृत्यु से उसकी शिया टोली पहले ही अस्त-व्यस्त थी इसलिए वह अपनी जान बचाने के लिए जल्द ही दसों दिशाओं में भागने लगी। पत्थरों की वर्षा से वह फकीर घायल होकर गिरा, लेकिन मारपीट के जोश में एक बार फिर से उठ खड़ा हुआ और अपनी ऊँची गंभीर आवाज में सभी का ध्यान आकर्षित करते हुए बोला, ''भाइयो, तुम्हारे ये अत्याचारी कृत्य मुसलमान धर्म पर जो कलंक लगा रहे हैं, उसका जितना हो सके, मैं प्रतिकार कर रहा था, तब तुमने काफिरों का वकील कहकर मुझे ताने मारे! मेरे इनकार करने पर भी निरपराध हिंदुओं की गरदन पर चलाने हेतु अत्याचार की जो तलवार

तुमने बाहर निकाली, उसीसे अब तुम एक दूसरे को मारने लगे! जो अत्याचार की तलवार दूसरों पर चलाता है, वह खुद ही उसके वार से मारा जाता है! अब भी ध्यान में रखें कि राम-रहीम एक हैं···अभी तो···''

ये शब्द वह मुसलमान साधु कह ही रहा था कि इतने में 'हरामी! ऐ हरामी! यह बदमाश शैतान और अल्लाह को एक समझता है।' की आवाज उठी।

'अल्लाह-रहीम को सरकतदार, जोड़ीदार बनाता है! मारो!' ऐसा शोरगुल हुआ और दो-तीन पत्थरों से उसका सिर नारियल की तरह फूट गया। उसका भेजा बाहर निकल आया और वह मुसलमान साधु गतप्राण हो नीचे गिरा।

मौलवी ने 'अल्लाह हो अकबर!' की गर्जना की।

'अल्लाह हो अकबर!' कहकर मोपलों ने भी साथ दिया।

ऐतखान की टोली की दुर्दशा हुई। गोपुर गाँव का ही नहीं, खिलाफत राज्य की परिभाषा में गोपुर तालुके का अधिकार भी अपने हाथ में लेकर मौलवी फिर से कुट्टम की ओर जाने के लिए निकला। लेकिन सुमति की मृत्यु के कारण उसके हृदय में उदासी छाई हुई थी। इतना ही नहीं, उसके लिए इस विद्रोह की सारी रम्यता चली गई, और वह एक रूखा कर्तव्य रह गया है, ऐसा सोचकर वह दुःखी हो गया। इतने में आधे रास्ते पर ही पगला मोहम्मद फिर से हाँफते-हाँफते आकर बोला, ''सरकार, सुमति जिंदा है!''

ऐतखान की टोली की दुर्दशा हुई। गोपुर गाँव का ही नहीं, खिलाफत राज्य की परिभाषा में गोपुर तालुके का अधिकार भी अपने हाथ में लेकर मौलवी फिर से कुट्टम की ओर जाने के लिए निकला। लेकिन सुमति की मृत्यु के कारण उसके हृदय में उदासी छाई हुई थी।

''मूर्ख!'' मौलवी ने झुँझलाकर कहा, ''उसे मरे हुए मैंने प्रत्यक्ष देखा है।''

''सरकार, वह जीवित हो गई है! अल्लाह की कसम, वह मरकर

जीवित हुई है। वह देखो उस खाई में।''

लेकिन यह कहता क्या है! उसके मन में भी उसकी पागल आशा फिर से उदित हुई। पर उसे प्रदर्शित करने और अगर वह झूठी साबित हुई तो उपहास के डर से मौलवी ने मन में भी उसका उच्चारण न करते हुए कहा, ''अरे देखो तो, यह पागल किस लड़की को देखकर बड़बड़ा रहा है!''

खाई की ओर कुछ लोग गए। मौलवी देखता रहा। 'तो क्या वह सचमुच सुमति है?' उसके हृदय में धड़कन तेज हुई। वे लोग खाई में छिपकर बैठी उस बच्ची को ज्यों-ज्यों आगे ढकेलते पास आए, त्यों-त्यों मौलवी को लगने लगा कि वह सुमति नहीं होगी। लेकिन अब उसकी निराशा कुछ हद तक कम हो गई। इस लड़की के चेहरे और कद में ऐसा आकर्षण था कि उससे सुमति के अभाव की पूर्ति हो सके। पास आते ही पागल मोहम्मद जोर-जोर से हँसकर बोला, ''सरकार! यह तो लक्ष्मी है! हरिहर का पैर तोड़ जिसे मैं पकड़नेवाला था, वही। आखिर पकड़ लिया कि नहीं!''

लेकिन यह कहता क्या है! उसके मन में भी उसकी पागल आशा फिर से उदित हुई। पर उसे प्रदर्शित करने और अगर वह झूठी साबित हुई तो उपहास के डर से मौलवी ने मन में भी उसका उच्चारण न करते हुए कहा, ''अरे देखो तो, यह पागल किस लड़की को देखकर बड़बड़ा रहा है!''

''चुप रह मूर्ख! इसे तूने सुमति समझा, इसका क्या कारण था?'' मौलवी ने गुस्सा प्रकट करते हुए कहा।'

थरथराने का अभिनय करते हुए वह बोला, ''जिस कारण कुट्टम गाँव में रात को आप इसे सुमति समझ बैठे, उसी कारण से मैं भी इसे गोपुर गाँव में दिन के उजाले में सुमति समझ बैठा।''

लक्ष्मी सचमुच ही सुमति की प्रतिमूर्ति जैसी लगती थी। जिसे चारों वेद कंठस्थ थे, चिंतामण शास्त्री के उसी पवित्र कुल में उसका जन्म हुआ था। और जिस प्रकार ऊँचाई पर लगे फल को उछलकर तोड़ने पर बौने मनुष्य को एक

तरह का मत्सरयुक्त संतोष मिलता है, उसी प्रकार सुमति जैसी ब्राह्मण कन्या को भ्रष्ट कर अपने भोग के लिए रखने की मौलवी की इच्छा लक्ष्मी को पाकर पूरी हुई और उसकी उदासीनता कम हो गई। धर्मांधता का क्रूर उत्साह उसके मन में फिर से सरसराने लगा। उसने उस दीन तथा अनेक संकटों को सहती हुई, वनवास, अपमान और निराशा से परेशान कन्या की ठोड़ी को स्पर्श करके कहा, ''तू निर्भय हो जा ! तेरे मन में जो कुछ होगा मैं वैसा ही प्रबंध कर दूँगा!'' यह आश्वासन देते हुए उसने उसे अपनी गाड़ी में बैठा लिया। क्षीण-शक्ति, भग्न आशा से जिसके शरीर में प्रतिकार करने की सामर्थ्य थोड़ी भी नहीं बची थी, ऐसी वह म्लान कुसुम जैसी दिखनेवाली कन्या चुपचाप वहाँ बैठी रही। ऐसी स्थिति में यदि कोई दसों शस्त्रधारी धर्मवीर भी होता तो भी वह और क्या करता!

मौलवी अपनी टोली के साथ कुट्टम पहुँचा। केवल तीन-चार दिन में कुट्टम का यह कैसा दृश्यांतर! नारियल-सुपारी के उन वनों में जो घर थे, उनमें से अब वेदों के मधुर घोष सुनाई नहीं दे रहे थे। उस रात की मार-काट में गिरा खून तक घर के रास्तों से नहीं पोंछा गया था। हरिहर शास्त्री के घर में मौलवी द्वारा सरकार का प्रमुख अड्डा बनाने के बाद उसे कलेक्टर का बँगला कहा जाने लगा। जिस स्थूलेश्वर शास्त्री को अपने आँगन में अस्पृश्य हिंदू के आने पर मुसलमानों के आने से भी अधिक कष्टकर लगता था, उसी स्थूलेश्वर शास्त्री के घर की रसोई को मौलवी और उसकी टोली के लिए मांस पकाने के लिए खोल दिया गया था। चिंतामण शास्त्री की

मौलवी अपनी टोली के साथ कुट्टम पहुँचा। केवल तीन-चार दिन में कुट्टम का यह कैसा दृश्यांतर! नारियल-सुपारी के उन वनों में जो घर थे, उनमें से अब वेदों के मधुर घोष सुनाई नहीं दे रहे थे। उस रात की मार-काट में गिरा खून तक घर के रास्तों से नहीं पोंछा गया था। हरिहर शास्त्री के घर में मौलवी द्वारा सरकार का प्रमुख अड्डा बनाने के बाद उसे कलेक्टर का बँगला कहा जाने लगा।

वह पवित्र वेदशाला, जहाँ से चारों वेदों का अस्खलित पठन सुनाई देता था, वहाँ अब कसाई की तलवारें देखकर थरथर काँपनेवाली गाय की चीखें सुनाई देने लगीं। जिन प्यालों में जल लेकर ब्राह्मणों ने कल संध्या की थी, उन्हीं प्यालों में आज मोपला लोग शराब पी रहे थे। उधर श्रीरंग के मंदिर में जिस धर्मवीर ने पूरी रात लड़ते हुए उसकी रक्षा की थी, वह कंबू सुबह भयानक घाव लगने से शत्रु के हाथ पड़ गया, इसलिए वह मौलवी के हाथ आया। वहाँ से श्रीरंग की सुंदर मूर्ति हटा दी गई और मुसलमानों की मसजिद की तरह पौड़ियाँ बनाई गईं। उस मंदिर के ऊपर हिंदू ध्वज उखाड़कर हरा तुर्की ध्वज लगाया गया। भ्रष्ट काफिरों का वह मंदिर 'ईमानदार' सत्यधर्मियों की प्रार्थना-योग्य हो जाए इसलिए एक जवान लड़का एक गाय को मारकर उसके खून को उस मंदिर में जहाँ-तहाँ छिड़कते हुए उसे यों शुद्ध कर रहा था जिस तरह मूर्ख काफिर गंगाजल छिड़कते हुए करते हैं। इस आखिरी संस्कार के उपरांत, कहने की आवश्यकता नहीं कि मौलवी की स्वयं अपनी प्रार्थना के लिए वह मसजिद जितनी पवित्र होनी चाहिए, उतनी पवित्र हुई थी। सभी गाँवों में हिंदुओं के घरों में तीन दिन लूटमार कर वह सारा सामान धर्मयुद्ध की गनीमत यानी न्यायी लूट समझकर मोपला वीरों में बाँटा जा रहा था। ब्राह्मणों, नायरों तथा बनियों के घरों में से अच्छे घर मोपलों के सरदारों को इनाम के तौर पर देकर वहाँ पहले रहनेवाले उन सभी काफिरों, मालिकों को चोर की तरह किसी

भ्रष्ट काफिरों का वह मंदिर 'ईमानदार' सत्यधर्मियों की प्रार्थना-योग्य हो जाए इसलिए एक जवान लड़का एक गाय को मारकर उसके खून को उस मंदिर में जहाँ-तहाँ छिड़कते हुए उसे यों शुद्ध कर रहा था जिस तरह मूर्ख काफिर गंगाजल छिड़कते हुए करते हैं। इस आखिरी संस्कार के उपरांत, कहने की आवश्यकता नहीं कि मौलवी की स्वयं अपनी प्रार्थना के लिए वह मसजिद जितनी पवित्र होनी चाहिए, उतनी पवित्र हुई थी।

बंदीगृह में ले जाकर बंद कर दिया था। जिस तालाब के डेढ़ सौ फीट के अंदर कंबू हरिजन नहीं आ सकता था, उसी तालाब में वह कंबू हिंदू धर्म संरक्षण के लिए लड़ते हुए घायल हुआ पड़ा था। जिसके किनारे मुसलमानों के जाने से वह भ्रष्ट नहीं होता था उन मुसलमानों ने उसकी सिंचाई गाय के खून से की और उस जलाशय को खिलाफत राज्य के अधिकारियों के पानी पीने लायक बनाया। जो हिंदू लोग बंदीगृह में थे उन्हें यही पानी दिया जाता था और उसे बाँटने के काम पर किसे लगाया गया था? श्रीमान क्षत्रिय कुलावतंस सीताराम नायर को! उसी नायर को, जिसने उस तालाब के डेढ़ सौ फीट अंदर आ जाने के संशय से कंबू को पत्थर मारा था।

कुट्टम में ऐसा भयानक परिवर्तन हुआ था, परंतु वह परिवर्तन तो अभी भयावह शिखर पर चढ़नेवाला था, उसका मर्म तो अभी प्रकट होना था।

शिखर पर वह आज चढ़ेगा! वह मर्म आज प्रकट होगा! आज ही उन बंदियों का निर्णय होनेवाला है। वे हिंदू जीवित बच गए और मुसलमान मोपलों द्वारा खिलाफत राज्य की स्थापना करने के बाद उनकी माँगी हुई चीज उन्हें न देते हुए अपने घर को, पत्नी को तथा संपत्ति को अपनी ही समझकर अब भी हिंदू ही कहलाकर जी रहे हैं, इस घोर अपराध का आरोप उनपर लगाया गया।

शिखर पर वह आज चढ़ेगा! वह मर्म आज प्रकट होगा! आज ही उन बंदियों का निर्णय होनेवाला है। वे हिंदू जीवित बच गए और मुसलमान मोपलों द्वारा खिलाफत राज्य की स्थापना करने के बाद उनकी माँगी हुई चीज उन्हें न देते हुए अपने घर को, पत्नी को तथा संपत्ति को अपनी ही समझकर अब भी हिंदू ही कहलाकर जी रहे हैं, इस घोर अपराध का आरोप उनपर लगाया गया।

पूजा के लिए जहाँ बैठकर सुमति माला गूँथती थी, उस बगीचे के मैदान में एक ऊँचे आसन पर मौलवी बैठा। पैर रखने के लिए एक पाँवपीठ था जो श्रीरंग की मूर्ति को छिन्न-भिन्न कर, उलटा कर बनाया गया था। उसपर

बिछाई गद्दी और उस पाँवपीठ पर पैर रखकर मौलवी ने कहा, ''फैसले की शुरुआत करो।''

निर्णय करने के लिए उस इलाके में महशूर मोपलों का जो धर्मगुरु वर्ग था, जिसे थंगल कहते हैं, उनमें से एक को लाया गया था। मौलवी की आज्ञा होते ही बंदीगृह के हिंदू बंदियों के झुंड वहाँ लाए गए। थंगल ने कहा, ''अल्लाह के भक्तों की जय-जयकार हो, मालाबार में खिलाफत राज्य की स्थापना हुई है; जल्द ही वह पूरी धरती पर स्थापित होनेवाला है। इस राज्य में सारे पाखंडियों, मूर्तिपूजकों तथा मोहम्मद पैगंबर के (अल्लाह उनकी आत्मा को शांति और धन्यता दे।) वचनों को न माननेवाले नास्तिकों, इन तीनों का बीज भी न बचने दो, कल ही मुझे अल्लाह का ऐसा आदेश हुआ है। ऐ, अविश्वासी लोगो, जरा ऊपर देखो! देखो, देखो, आकाश के बीच काली सी रेखा! वह फटा! या अल्लाह! क्या खूबसूरती!'' कहते हुए वह थंगल आकाश पर दृष्टि गड़ाए हँसते-हँसते निश्चल तथा तन्मय होकर बैठ गया। सारी सभा चकित रह गई। हर कोई आसमान की ओर देखने लगा। इतने में पागल मोहम्मद बोला, ''ओहो! आसमान के ठीक बीचोबीच यह कितनी बड़ी दरार!''

अल्लाह के भक्तों की जय-जयकार हो, मालाबार में खिलाफत राज्य की स्थापना हुई है; जल्द ही वह पूरी धरती पर स्थापित होनेवाला है। इस राज्य में सारे पाखंडियों, मूर्तिपूजकों तथा मोहम्मद पैगंबर के (अल्लाह उनकी आत्मा को शांति और धन्यता दे।) वचनों को न माननेवाले नास्तिकों, इन तीनों का बीज भी न बचने दो, कल ही मुझे अल्लाह का ऐसा आदेश हुआ है।

आश्चर्य से आँखें फाड़कर देखते हुए थंगल बोला, ''क्या, तुझे दिखाई दी वह दरार? मौलवी, यह पुण्यशील मनुष्य है। इसे एक तरफ कीजिए! अच्छा, उस दरार में तुझे ऐसी कौन सी सुंदर वस्तु झाँकती हुई दिख रही है?''

मोहम्मद ने झट से कहा, ''अँधेरा!'' इतने में झट से खुद को सँवारते

हुए थंगल बोला, ''मौलवी, यह पापी मनुष्य है। इसे बाहर निकालिए। पहले पुण्य से थोड़ी सी दिव्य दृष्टि आते ही इसे अभिमान हुआ, इसलिए अल्लाह ने इसकी आँखों पर अँधेरा छा दिया। अल्लाह समर्थ है!''

''ओहो! ओहो! क्या खूबसूरती!'' थंगल गंभीर आनंद से तथा तन्मय मुद्रा से बार-बार आकाश की ओर देखते हुए बोला। किसी की भी यह हिम्मत नहीं हो रही थी कि उसे पूछें, 'कहाँ, क्या, हमें तो दिखाई नहीं देता।' थोड़ी देर बाद बड़ी भक्ति से 'अल्लाह, तू धर्मवीरों पर कितना खुश है,' कहते हुए थंगल आगे बोला, ''अभी जो आदेश मुझे हुआ है वही, ऐ मुसलमान लोगो, तुम सबको हो सकता है। मुझे क्या दिखाई दिया, पता है?''

''ओहो! ओहो! क्या खूबसूरती!'' थंगल गंभीर आनंद से तथा तन्मय मुद्रा से बार-बार आकाश की ओर देखते हुए बोला। किसी की भी यह हिम्मत नहीं हो रही थी कि उसे पूछें, 'कहाँ, क्या, हमें तो दिखाई नहीं देता।' थोड़ी देर बाद बड़ी भक्ति से 'अल्लाह, तू धर्मवीरों पर कितना खुश है,' कहते हुए थंगल आगे बोला, ''अभी जो आदेश मुझे हुआ है वही, ऐ मुसलमान लोगो, तुम सबको हो सकता है। मुझे क्या दिखाई दिया, पता है?''

अत्यंत उत्सुकता से उन विश्वासनिष्ठ सैकड़ों मोपलों ने कहा, ''नहीं आचार्य!''

''बताऊँ तुम्हें?''

अत्यंत उत्सुकता से चमत्कारलोलुप वे मोपला बोले, ''बताइए न! हम आपके पाँव पड़ते हैं, बताइए न! आचार्य!''

''मुझे परियाँ दिखाई दीं! उनके हाथ में क्या था? स्वर्ग के फूलों की मालाएँ! उनकी आँखें कैसी थीं?''

''इस कुरान शरीफ के एक अध्याय में जैसी बताई गई हैं, वैसी—काली-कजरारी और लंबी भौंहें! वे मालाएँ वीरों के गले में डालने के लिए परियाँ आई हैं। धर्मयुद्ध में जो मरेंगे उनके गले में ये मालाएँ आज ही पड़ेंगी। धर्मयुद्ध में जो जीतेंगे उनके गले में भोग की मालाएँ इस दुनिया में और परियों

के आलिंगन की मालाएँ उस दुनिया में! ये फल धर्मवीरों के लिए और काफिरों को? तोबा! तोबा!''

'तोबा! तोबा!' मोपलों के बदन पर रोंगटे खड़े हो गए। उन्होंने कहा, ''ईश्वर पर तथा पैगंबर पर जो विश्वास नहीं रखेंगे उन काफिरों के लिए क्या फल बताया है? जिन्हें भयानक नरकाग्नि तपा रही है, उन मकानों में निवास! पीब और दुर्गंध, सड़े पदार्थ जिसमें मिले हैं। वह पीब पीने के लिए काफिरों को बाल पकड़कर घसीटते ले जाया जाएगा। फिर वे पछतावा करेंगे। लेकिन ईश्वर उनका मुँह भी नहीं देखेगा, फिर पछतावा मान्य नहीं होगा। कुरान शरीफ में यह स्पष्ट बताया है! तौबा! तौबा! इसलिए ऐ काफिरो, ऐ बंदियो, मैं तुम्हें अल्लाह के हुक्म से कहता हूँ कि अगर इस नरकाग्नि से अपना बचाव करना चाहते हो तो अभी मुसलमान धर्म को स्वीकार करो, नहीं तो इस दुनिया में मौत और उस दुनिया में नरकाग्नि! यही तुम्हारा इनाम होगा। बोलो क्या कहना है? आज न्याय का आखिरी दिन है। आज शाम होने से पहले खिलाफत राज्य में एक भी काफिर जिंदा नहीं रहेगा। इस खिलाफत राज्य में शाम होने से पहले सब मुसलमान होना चाहिए! हँ! लाइए पहली टोली!''

'तोबा! तोबा!' मोपलों के बदन पर रोंगटे खड़े हो गए। उन्होंने कहा, ''ईश्वर पर तथा पैगंबर पर जो विश्वास नहीं रखेंगे उन काफिरों के लिए क्या फल बताया है? जिन्हें भयानक नरकाग्नि तपा रही है, उन मकानों में निवास! पीब और दुर्गंध, सड़े पदार्थ जिसमें मिले हैं। वह पीब पीने के लिए काफिरों को बाल पकड़कर घसीटते ले जाया जाएगा।

नंगी तलवारें लिये पचास मोपलों का घेरा आ खड़ा हुआ। वह एक ओर थोड़ा सा खुला; पच्चीस हिंदुओं की टोली उसमें घुसी। घेरा फिर से बंद हुआ।

नीच, अधमों की डंडेली से जिनकी साड़ियाँ फट गई हैं, जिनकी लाज हरण की गई है ऐसी दीन, सिसककर रोनेवाली कुमारियाँ, अपने बाप के सामने उस निर्लज्ज अवस्था में अर्धनग्न, अर्धभ्रष्ट स्थिति में रहने के कारण शर्म से

मरी लड़कियाँ; और अपनी लड़कियों तथा औरतों के मान तथा जीवन का अपनी आँखों के सामने होनेवाला सत्यानाश देखने के कारण अपने पौरुष पर घृणा आने से ऊपर देखने को भी शरमा रहे बाप, बच्चों को स्तनों से लगाकर खड़ी औरतें और बूढ़े दादा-दादी के हाथ पकड़कर खड़े लड़के, सारे थरथर काँपते हुए तलवारों के उस घेरे में, कसाईखाने में जिस तरह गायें जाती हैं उस तरह रोते, चिल्लाते, सिसकते हुए ढकेले गए।

"बोलो, मुसलमान बनते हो या नहीं?" चार दिनों तक जिन्हें बंदीखाने में खाने-पीने के बारे में हैरान कर दिया गया था उन शक्तिहीन, भक्तिहीन लोगों में से कोई उत्तर नहीं आया। "बोलो मुसलमान बनोगे या मरोगे?" एक ही, और सबसे पहले जवाब आया—"मरेंगे।"

"बोलो, मुसलमान बनते हो या नहीं?" चार दिनों तक जिन्हें बंदीखाने में खाने-पीने के बारे में हैरान कर दिया गया था उन शक्तिहीन, भक्तिहीन लोगों में से कोई उत्तर नहीं आया। "बोलो मुसलमान बनोगे या मरोगे?" एक ही, और सबसे पहले जवाब आया—"मरेंगे।" वह कौन था? कंबू। श्रीरंग के मंदिर के लिए अंत तक लड़ते हुए घायल हुआ बंदी।

वह कौन था? कंबू। श्रीरंग के मंदिर के लिए अंत तक लड़ते हुए घायल हुआ बंदी।

उस टोली में उस अकेले ने ही सबसे पहले कहा, "मरेंगे!"

उस टोली में वह अकेला और सबसे पहले मार दिया गया। हिंदू धर्म नहीं छोड़ने पर कितनी भयानक आपत्ति आ सकती है, इसके प्रत्यक्ष उदाहरण के लिए थंगल उसका जवाब सुनते ही उसे एकदम बाहर ले आया। पास ही एक विस्तीर्ण कुआँ था। इसीके पानी से सुमति अपने फूलों के पौधों को सींचा करती थी। उस कुएँ के किनारे उसे लाया गया; 'मुसलमान नहीं बनूँगा' कहते हुए ही उसके सिर के बाल उखाड़े गए और उसे इधर-उधर घसीटते, खींचते हुए तलवार से काटा गया तथा उसके शव को—कबंध और कटे सिर को—कुएँ में ढकेलकर 'अल्लाह

हो अकबर' कहते हुए धर्मवीरों ने एक साथ गर्जना की।

कंबू का वह भयानक अंत देखकर उस टोली के अन्य किसी ने भी हाँ-ना कुछ नहीं कहा। तब मूक पशुओं की तरह उन्हें कुएँ के किनारे ले जाया गया, उनका मुंडन कर उन्हें शिखाभ्रष्ट किया गया और मुसलमान बनने की निशानी के तौर पर गोमांस दिया गया। कोई भी उसे हाथ नहीं लगा रहा था, अतः थंगल ने शांत तरीके से कहा, "ठूँसो उनके मुँह में! अज्ञानियों, पापियों तथा बच्चों को ज्ञान, पवित्रता और दवाई जबरदस्ती पिलाई जानी चाहिए।" फिर उनके कपड़े उतारकर उनमें जो पुरुष और लड़के थे, उन्हें सामने चुप बैठाकर अपने-अपने गुह्यांग खोलने को कहा गया। क्रूर मौलवी हाथ में तीक्ष्ण छुरी लेकर आगे बढ़ा। दूसरा कुरान लेकर आगे बढ़ा। कुरान के मंत्र पढ़े गए और सटासट उन दो दुर्बल हिंदुओं के गुह्यांगों की त्वचा—टेढ़ी-मेढ़ी जैसी भी मिली—वैसी उस छुरी से चर्र-चर्र काटी गई। 'हाय-हाय' करते उस जलन तथा घावों से तड़पती उस टोली को बताया गया, "अल्लाह को प्रिय पैगंबर की आज्ञा के अनुरूप तुम्हारी अब सुन्नत हुई है! अब तुम मुसलमान बने हो। अब धर्म से चलो। स्वर्ग तुम्हारा है। लेकिन अगर फिर से हिंदुओं में मिलना चाहोगे या उनसे संबंध रखना चाहोगे तो मुसलमान धर्म से तुम पथभ्रष्ट हुए ऐसा समझकर तुम्हें धर्माज्ञा के अनुरूप मार दिया जाएगा।" बाद में उन सबको मोपला लोगों की निशानी के तौर पर स्त्री-पुरुषों के अनुरूप मोपला वस्त्र दिए गए और पुरुषों को अलग-अलग कर खड़ा कर दिया गया।

कंबू का वह भयानक अंत देखकर उस टोली के अन्य किसी ने भी हाँ-ना कुछ नहीं कहा। तब मूक पशुओं की तरह उन्हें कुएँ के किनारे ले जाया गया, उनका मुंडन कर उन्हें शिखाभ्रष्ट किया गया और मुसलमान बनने की निशानी के तौर पर गोमांस दिया गया।

"दूसरी टोली!" थंगल चिल्लाया।

तुरंत उस तलवार के घेरे में पच्चीस-तीस हिंदुओं की दूसरी टोली लाई

गई और बंद कर दी गई। उसमें एक थिय्या गुस्से से पास की एक बूढ़ी को दूर धकेल कर बोला, "ऐ बूढ़ी, तू मसकुनी डोम जाति की है न? और मुझ हरिजन को छूती है? दूर हो जा!" यह देखकर मशाल लिये हिंदुओं के घर जलाती फिरनेवाली वह मोपली कृत्या ठहाका मारकर बोली, "निगोड़े, अभी तक तुम्हारी आँखें नहीं खुलीं। अरे तुम हिंदुओं को दिखना चाहिए, इसलिए मैं यह मशाल दिन में भी जलाकर घूमती हूँ; लेकिन तुम्हें अभी तक दिखता नहीं! निगोड़े, मुसलमानों के बंदीगृह में, राज में, पैरों तले कुचले गए, गाय के खून से भरे अपने हाथ उस तालाब में धोकर वह पानी मैंने तुम्हें पिलाया। लेकिन तुम्हारी कलुषता और छुआछूत अभी तक गई नहीं! हरिजन को डोंम की छुआछूत हुई न? अरे जिंदा रहते समय तुम हिंदू कभी भी एक हिंदू जाति की सोचकर इकट्ठे हुए ही नहीं, लेकिन निगोड़े, अब हिंदू होने के कारण सभी एक साथ मृत्यु के मुँह में झोंके जा रहे हो, तब भी इतने समय के लिए भी इकट्ठे नहीं हो रहे न, मरो निगोड़ो!"

तुरंत उस तलवार के घेरे में पच्चीस-तीस हिंदुओं की दूसरी टोली लाई गई और बंद कर दी गई। उसमें एक थिय्या गुस्से से पास की एक बूढ़ी को दूर धकेल कर बोला, "ऐ बूढ़ी, तू मसकुनी डोम जाति की है न? और मुझ हरिजन को छूती है? दूर हो जा!"

"मुसलमान बनते हो कि मरते हो?" थंगल ने पूछा।

'मैं मरूँगा,' 'मैं मरूँगा,' 'मैं भी मरूँगा' दस-बारह आवाजें उठीं। थंगल चकित हुआ। "निकालो उन्हें टोली के बाहर," उसने कहा। उनमें एक कराहता हुआ, एक ही पैर पर किसी तरह चलता हुआ, जिसका दूसरा पैर जंघा से कट गया है और दवाई के अभाव में उसका जख्म ऊपर पेट तक फैलता जा रहा है और पीब तथा लहू के बहाव में ही जिसे तीन-चार दिन से भयानक वेदनाएँ सहते रहना पड़ा है, जिससे उसके बदन से बदबू आ रही है, ऐसा पुरुष पहले आगे आया। वे हरिहर शास्त्री थे। वे मुँह से राम-राम कह रहे थे।

उन्हें देखते ही खिझाने और उनकी आँखों को आँच लगेगी, इसलिए मशाल को इतनी पास ले जाकर, मोपला बुढ़िया बोली, "रे मूर्ख ब्राह्मण, तेरी और तेरी हिंदू जाति की यह कैसी दुर्दशा! देख, जीते-जी तू पीब में, लहू में, नरक में पड़ा है! क्यों? इसलिए कि तूने हमारी तरह कोई भी अत्याचार, बलात्कार, आगजनी आदि घोर कुकर्म नहीं किए; सिर्फ वेद पढ़े, सिर्फ पुण्य किए। पाप जरा भी नहीं किए। इसलिए जीते जी इस दुनिया में नरक यातनाएँ भोगीं। बदन में कीड़े पड़ गए तेरे! और मुझे देख, इस मौलवी को देख, इस थंगल को देख, कैसे गद्दोगिदों पर सुख से पड़े हैं। इस दुनिया में 'अल्लाह और पैगंबर दोनों पर मेरा विश्वास है,' इतना कहने से ही तू अगली दुनिया में स्वर्ग सुख भोगेगा। केवल पुण्य से, केवल तितिक्षा से, पोथी के पन्नों से पेट भरेगा, पुण्य कमाएगा और न्याय की विजय अंत में स्वत:सिद्ध है—ऐसी बावली कल्पनाएँ अभी तक तेरे दिमाग से गईं या नहीं? निगोड़े, पाप किए बिना इस दुनिया में जिंदा नहीं रहा जा सकता। तुझे यह दिखाई दिया कि नहीं?" कहते हुए उस बुढ़िया ने वह मशाल फिर से उसकी आँखों में घुसा दी। उसकी आँच से व्याकुल होकर हरिहर ने फिर से कहा, "राम! राम! राम!"

रे मूर्ख ब्राह्मण, तेरी और तेरी हिंदू जाति की यह कैसी दुर्दशा! देख, जीते-जी तू पीब में, लहू में, नरक में पड़ा है! क्यों? इसलिए कि तूने हमारी तरह कोई भी अत्याचार, बलात्कार, आगजनी आदि घोर कुकर्म नहीं किए; सिर्फ वेद पढ़े, सिर्फ पुण्य किए। पाप जरा भी नहीं किए।

"अब राम ही बोल निगोड़े किसी तरह!" कहते हुए वह निष्ठुर बूढ़ी जोर-जोर से हँस पड़ी।

उस वीर ब्राह्मण को अपने शरीर की वेदनाओं से बढ़कर अपमान की ये मानसिक वेदनाएँ असह्य लगीं। उसके पीछे चिंतामणि शास्त्री था। उसके पीछे कंबू की टोली के दो-तीन थिय्ये युवक थे। कृष्ण नायर वैद्य—जो श्रीरंग की रक्षा के लिए लड़ते समय घायल हो गया था—उनके पीछे था। उस युवा

थिय्या को थंगल ने रोककर पूछा, "ऐ युवक, इस ब्राह्मण, इस क्षत्रिय के पीछे पागल होकर तुम बिना वजह क्यों मरते हो ? तुम मुसलमान बनो। अभी भ्रष्ट की गई इन हिंदू औरतों में से जिसे चाहेगे, तुम्हें दूँगा। सुख से घर-गृहस्थी बसाओ। तुम्हें…" लेकिन उसका वाक्य पूरा होने से पहले ही वह हरिजन युवक बोला, "चुप, रे मूर्ख! हमारा एक ही बाप था और वह हिंदू था। इसलिए हम हिंदू भी एक ही बाप के बच्चे हैं—हमारे बाप का नाम था महादेव! हम सब एक ही माँ के बच्चे हैं। हमारी माँ का नाम है हिंदू जाति!"

और सब एक-दूसरे के गले में हाथ डालकर तथा उस घायल ब्राह्मण वीर को बीच में लेकर 'हर-हर महादेव' की गर्जना कर उठे। ब्राह्मण, क्षत्रिय, हरिजन, डोम—सब जाति-पाँत भूलकर एक ही जय-जयकार करने लगे, "हिंदू जाति की जय! हिंदू जाति की जय!"

और सब एक-दूसरे के गले में हाथ डालकर तथा उस घायल ब्राह्मण वीर को बीच में लेकर 'हर-हर महादेव' की गर्जना कर उठे। ब्राह्मण, क्षत्रिय, हरिजन, डोम—सब जाति-पाँत भूलकर एक ही जय-जयकार करने लगे, "हिंदू जाति की जय! हिंदू जाति की जय!"

अकस्मात् प्रदीप्त हुए शहादत के इस तेज ने मोपलों को भी एक क्षण के लिए ऐसे चकाचौंध कर दिया जैसे घने अंधकार में अचानक बिजली चमक जाए। वह मोपला कृत्या तनिक घृणा से हँसकर और न चाहते हुए भी अपने मन के संतोष को चिढ़ाते गुर्राई, "आखिर सीख गए निगोड़े इकट्ठा मरना! लेकिन हिंदू जाति की विजय इकट्ठे मरने से ही नहीं होगी। जैसे अब इकट्ठे मरना सीख रहे हो, वैसे ही जब इकट्ठे जीना सीख लोगे, तभी जय की गर्जना कर सकोगे। मरते समय जय की गर्जना, निगोड़ों, तुम्हारी विडंबना ही है।"

"नहीं।" हरिहर शास्त्री ने गरजते हुए कहा, "विडंबना नहीं। तू जो कह रही है वह क्रूर सत्य है; लेकिन हमारी इकट्ठी मृत्यु ही हिंदू जाति को एक साथ जीना सिखाएगी।"

'जानकी जीवन राम! पतित पावन राम-राम!' वे वीर ताल पकड़कर भजन करने लगे। उन्हें उस कुएँ पर ले जाया गया। तलवार ताने मोपला उन निःशस्त्र बंदियों पर टूट पड़े। खटाखट तलवार के वार हुए। जहाँ पड़ेगा, वहाँ पड़ेगा। हरिहर शास्त्री का आधा सिर कटकर नीचे गिरा।

'जानकी जीवन राम! राम! पतित पावन राम-राम!'

आधा सिर आधे कंठनाल पर वैसे ही लटकता रहा। भयानक खून की बाढ़ आई। 'जानकी जीवन राम! राम! पतित पावन राम! राम!'

उन थिय्या युवकों के हाथ तलवार के वार से उड़कर हरिहर के खून में तैरने लगे। बूढ़ी मसकुनी के दो टुकड़े हो गए—एक कृष्णा नायर वैद्य पर गिरा और दूसरे को पैरों से डंडे की तरह पकड़कर एक मोपला कृष्णा नायर पर पटकने लगा। लहू, मांस उस बदन से छिटककर कृष्णा नायर के मुँह में, नाक में, आँखों में जा रहे थे। इतने में खट से किसी तलवार की नोंक उसकी आँख में घुसी और बाहर निकल आई! कृष्णा नायर की आँख में जो छेद हुआ वह सिर के पीछे तक खुल गया। कर्कश चीख मारकर कृष्णा नायर नीचे गिरा। चीत्कार! कराह! मारो! मत मारो! एक ही बीभत्स हो-हल्ला! कई हिंदू वीर मरे; कई मर रहे थे।

उन थिय्या युवकों के हाथ तलवार के वार से उड़कर हरिहर के खून में तैरने लगे। बूढ़ी मसकुनी के दो टुकड़े हो गए—एक कृष्णा नायर वैद्य पर गिरा और दूसरे को पैरों से डंडे की तरह पकड़कर एक मोपला कृष्णा नायर पर पटकने लगा।

'पतित पावन राम-राम! जानकी जीवन राम-राम!'

उन सब मरे हुए, मरनेवाले, टूटनेवाले और अखंड शरीरों को, प्राणों को, बालों को, लहू को, मांस को, अस्थि को, तड़पते तनुखंडों को उन मोपलों ने वैसे- के-वैसे हाथों से और पैरों से उठाकर, ढकेलकर फेंक दिया कुएँ के उस एक ही जबड़े में, जो मृत्यु का जबड़ा था। एक साथ!

वह भजन रुक गया। बाकी जो हिंदू बचे, पहले ही की तरह उनका

मुंडन तथा सुन्नत कर मोपलों के कपड़े दिए गए।

"तीसरी टोली!" थंगल चिल्लाया।

तीसरी टोली आई और उसी तरह उस सशस्त्र घेरे में बंद कर दी गई। फिर उसी तरह जो मुसलमान बनने के लिए तैयार थे वे जीवित रहे, जो मरने के लिए तैयार हुए उनकी उसी तरह हत्या या अर्धहत्या कर उस कुएँ में धकेल दिया गया। जो जवान लड़कियाँ थीं वे कत्ल नहीं की गईं बल्कि उन्हें कत्ल से भी कष्टतर दासता के लिए रखा गया।

'चौथी टोली' कहते हुए थंगल गरजा। लेकिन इतने में एक मोपला तेज रफ्तार से घोड़ा दौड़ाते हुए वहाँ आकर बोला, "वे आए, सरकार, वे आए!"

बड़ी खुशी से उछलकर थंगल बोला, "अल्लाह की प्रशंसा! कौन? अनवर पाशा की सेना आई? वे मोपलों की सहायता के लिए दस हजार तुर्क, बीस हजार कुर्द और बावन हजार अरब लेकर आनेवाले थे।"

"अनवर पाशा गाजी हैं! बावन हजार अरब लोग आए।" सभा में एक ही जयघोष हुआ।

'चौथी टोली' कहते हुए थंगल गरजा। लेकिन इतने में एक मोपला तेज रफ्तार से घोड़ा दौड़ाते हुए वहाँ आकर बोला, "वे आए, सरकार, वे आए!"

बड़ी खुशी से उछलकर थंगल बोला, "अल्लाह की प्रशंसा! कौन? अनवर पाशा की सेना आई? वे मोपलों की सहायता के लिए दस हजार तुर्क, बीस हजार कुर्द और बावन हजार अरब लेकर आनेवाले थे।"

"नहीं, नहीं, अनवर पाशा नहीं।" झिझकते हुए वह घुड़सवार कह ही रहा था कि मौलवी बोला, "तो फिर कौन आया? अफगानिस्तान के अमीर? मुसलमान वीरों ने दिल्ली कब की जीत ली थी। अमीर इसलाम का खड्ग है।"

"अमीर इसलाम का खड्ग है! लेकिन सरकार, अमीर नहीं आया।" घुड़सवार इतना कह ही रहा था, इतने में वह कृत्या मशाल ऊँची कर समुद्र की ओर निरखकर बोली, "फिर कौन आए? अरबस्तान से समुद्र मार्ग से

खलीफा जो शस्त्रास्त्र भेजनेवाला था और जिसके लिए कुट्टम के खिलाफत मंडल ने तीन लाख रुपए भेजे थे, क्या वह शस्त्रास्त्र भरी नौसेना आई?''

''चुप बुढ़िया!'' निराशा और क्रोध से अपना गुस्सा उसपर व्यक्त करते हुए घुड़सवार बोला, ''सरकार! वे अनवर पाशा, वे अमीर, वे शस्त्रास्त्रों से भरे अरबी जहाज और वे बावन हजार तुर्क जब आएँगे, तब सही; लेकिन फिलहाल जो आए हैं वे उनमें से कोई नहीं बल्कि केवल गुरखा हैं। हिंदुओं पर अत्याचारों की कहानियाँ सुनकर क्रोधित होकर तथा मंदिरों के गिरे हुए शिखरों और टूटी हुई मूर्तियों का बदला लेने की कसमें खाकर भयानक 'खुकरी' धारण करनेवाले गुरखे, जो भी सशस्त्र मोपला दिखा, उसे गिरफ्तार करते हुए खिलाफत राज्य पर आक्रमण करने आ रहे हैं।''

''आने दो, क्या चिंता!'' थंगल उठते हुए खम ठोंककर किसी क्रूद्ध शेर की तरह बोला, ''वे काफिर मुसलमानों का बाल भी बाँका नहीं कर सकेंगे। ऐ विश्वासनिष्ठ इसलाम वीरो! इस आसमान की कमस! तौबा! ओहो! यह मैं क्या देख रहा हूँ। झुंड-ही-झुंड! किसके! मेरी आँखें मुँदी जा रही हैं! अपनी आँखें मैं खोल तो लूँ! ओफ, यह कैसा नूर! यह कैसी तलवार! हाँ, हाँ समझ गया, समझ गया, ऐ विश्वासनिष्ठ लोगो, जिब्रिल अपने फरिश्तों के साथ उतर रहा है। या अल्लाह!''

''आने दो, क्या चिंता!'' थंगल उठते हुए खम ठोंककर किसी क्रूद्ध शेर की तरह बोला, ''वे काफिर मुसलमानों का बाल भी बाँका नहीं कर सकेंगे। ऐ विश्वासनिष्ठ इसलाम वीरो! इस आसमान की कमस! तौबा! ओहो! यह मैं क्या देख रहा हूँ। झुंड-ही-झुंड! किसके! मेरी आँखें मुँदी जा रही हैं! अपनी आँखें मैं खोल तो लूँ!

''या अल्लाह! जिब्रिल अपने फरिश्तों के साथ उतर रहा है!'' मोपला लोग उत्तेजित होकर बोले।

''अब गुरखों की क्या बिसात? उसके मुकुट में तीन तारे लटक रहे हैं! यही विजय का चिह्न है!''

''यही विजय का चिह्न है!'' सभा ने प्रतिध्वनि की।

''किस तरह?'' थंगल ने कहा।

''किस तरह?'' सभा ने प्रतिध्वनि की।

''क्योंकि बीदर की लड़ाई में जब पैगंबर के साथ काफिर की सेना ने बड़ा अनर्थ किया तब इसी सेनापति—जिब्रिल—के साथ दो हजार की सेना अल्लाह ने भेजी थी। उस समय उसके मुकुट में तीन ही तारे थे। अब भी तीन ही हैं! ओह! क्या नूर है!''

''ओह, कैसा नूर है! हमसे तो देखा भी नहीं जाता!''

''क्योंकि बीदर की लड़ाई में जब पैगंबर के साथ काफिर की सेना ने बड़ा अनर्थ किया तब इसी सेनापति—जिब्रिल—के साथ दो हजार की सेना अल्लाह ने भेजी थी। उस समय उसके मुकुट में तीन ही तारे थे। अब भी तीन ही हैं! ओह! क्या नूर है!''
''ओह, कैसा नूर है! हमसे तो देखा भी नहीं जाता!''

''लेकिन वह आपसे, आपसे भी देखा जाएगा!''

''कब? कब मौलाना, कब? इस पापी को जिब्रिल के मुकुट के तीन तारे कब दिखेंगे?''

''काफिरों से लड़ते-लड़ते तुम्हारे मरते ही! मरते ही दिखेंगे और परियाँ, काली-काली आँखोंवाली! और सुंदर फरिश्ते तुम्हारे पास हँसते खड़े होंगे, जैसे जतन किए हुए मोती! 'सुर तुतूर' अध्याय में बताए हुए सारे वचन सच हो जाएँगे। अब बोलो, गुरखों की कोई बिसात है?''

''ईश्वर के दूत के सामने गुरखे? शेर के सामने मशक!'' सभा ने प्रतिध्वनि की।

''तो फिर आज ही गुरखों पर छापा डालना है न? मोपलों के खाली हाथ काफिरों की बंदूकों के मुँह दबाए रखेंगे। काफिरों की बारूद उड़ नहीं सकेगी—मोपलों को गोली ही नहीं लगेगी।''

''तो आज ही लड़ेंगे! अल्लाह हो अकबर! दीन, दीन!''

"तय हो गया फिर!" मौलवी ने बीच में ही उठकर कहा, "गुरखों पर छापा डालना है लेकिन पहले अपने घर के साँप को, शत्रु को—बिल्कुल मिट्टी में मिलाकर चलना है। थंगल, ये बाकी जो काफिर बंदी हैं, इनसे एक ही बार पूछ लो—या मत पूछो। सिर्फ औरतों में से जो पसंद आएँ उन्हें चुन लो और बाकियों को कत्ल कर डालो। ये शत्रु अगर जिंदा रहेंगे तो वे काफिर गुरखे आते ही इन्हींसे मिल जाएँगे तथा हमारे विनाश का कारण बनेंगे। मारो, मारो! सभी को कुएँ में फेंक दो।"

इन क्रूर शब्दों को सुनते ही बचे हुए सौ-दो सौ हिंदू बंदियों में दुःख की एक तीव्र हिलोर उठी। बूढ़ी महिलाएँ, स्त्रियाँ, कच्ची उम्र के लड़के, युवक, बाल, वृद्ध, पुरुष, सभी के मानो प्राण निकल गए—'मारो मत, कम-से-कम मेरे बच्चे को, मेरी माँ को, मेरे पिताजी को, मेरे भाई को—मत मारो!' 'मारो; मैं मुसलमान नहीं बनूँगा,' 'मत मारो, मैं मुसलमान नहीं बनूँगा!' अनेक आवाजें, अनेक वेदनाएँ, भयानक कोलाहल।

गुरखों पर छापा डालना है लेकिन पहले अपने घर के साँप को, शत्रु को—बिल्कुल मिट्टी में मिलाकर चलना है। थंगल, ये बाकी जो काफिर बंदी हैं, इनसे एक ही बार पूछ लो—या मत पूछो। सिर्फ औरतों में से जो पसंद आएँ उन्हें चुन लो और बाकियों को कत्ल कर डालो।

उस क्रूर मौलवी के एक कठोर शब्द के साथ सभी मोपले सहसा उन निःशस्त्र, भयभीत, दीन बंदियों पर टूट पड़े। जिस तरह हम भुट्टे काटते हैं उस तरह तलवारें जहाँ जैसी पड़ीं वैसी खचाखच काटने लगीं। सिर, हाथ, खोपड़ियाँ, मांस, खून, नसें, फाड़े हुए पेट, खींची हुई आँतें—मनुष्य जीवन का वह गारा उस कुएँ में फावड़े से ढकेल दिया गया।

मौलवी ने थंगल से पूछा, "क्यों आचार्यजी, सारा न्यायकर्म समाप्त हुआ?"

थंगल ने कहा, "हाँ, हो गया।"

मौलवी ने गंभीरतापूर्वक खड़े होकर और आसपास जहाँ तक दिख

सकता था, उतनी दूरी तक देखकर कहा, ''ईमानदारो! अल्लाह की फतह हो! आज इस क्षण मैं अपने जीवन के अति उच्च शिखर पर खड़ा होकर ईश्वर को अनेक धन्यवाद देते हुए कहता हूँ कि मेरे अधीन इस कुट्टम तथा गोपुर तालुके में एक भी हिंदू जिंदा नहीं रहा। मेरे राज्य में इस क्षण एक भी मंदिर या मूर्ति का अस्तित्व नहीं है। लोगों को मुसलमान बनाया, सैकड़ों काफिर कत्ल किए, सैकड़ों काफिरों तथा नास्तिकता के बीज मैंने समूचे खोद निकाले हैं। सैकड़ों देवताओं को पलटा दिया है। बस, अब केवल विश्वसनीय सत्यधर्मी पैगंबर तथा अल्लाह का ही घोष मेरे राज्य में सुनाई देगा। इस खिलाफत के राज्य में अन्यायी, पापी, मूर्तिपूजक, अधर्मी और अत्याचारी कोई नहीं बचा!''

मौलवी जब 'हमारे राज्य में' कह रहा था तब वह जिस अहंकार से, थंगल को बिल्कुल महत्त्व न देते हुए बोल रहा था, थंगल को वह बिल्कुल नहीं जँचा। तथापि खुला विरोध न करते हुए, पर अपना भी कुछ महत्त्व जताने के लिए बीच में ही थंगल ने कहा—

लेकिन अब गुरखों के आने का जो संदेश मिला है, उसका अगर पहले ही प्रतिकार नहीं किया गया तो शायद यह यश अल्लाह हमसे छीन लेगा। उसमें जिब्रिल के दूतों की सेना—अल्लाह उन्हें यश दे—पास आ रही है। इसलिए आज का अत्यंत आवश्यक शेष काम अगर कोई है तो वह यह कि जिन्होंने इस खिलाफत राज्य की स्थापना के लिए कष्ट झेले हैं, उनको यथोचित बख्शीश दी जाए।

''लेकिन अब गुरखों के आने का जो संदेश मिला है, उसका अगर पहले ही प्रतिकार नहीं किया गया तो शायद यह यश अल्लाह हमसे छीन लेगा। उसमें जिब्रिल के दूतों की सेना—अल्लाह उन्हें यश दे—पास आ रही है। इसलिए आज का अत्यंत आवश्यक शेष काम अगर कोई है तो वह यह कि जिन्होंने इस खिलाफत राज्य की स्थापना के लिए कष्ट झेले हैं, उनको यथोचित बख्शीश दी जाए। यह जितना जल्दी हो सके, करके हम शत्रु सेना

की धज्जियाँ उड़ाने जाएँगे। यह राज सभी ने कमाया है। यह खिलाफत राज्य है। यहाँ की संपत्ति सभी की है।''

''संपत्ति सभी की है! साझी है!'' सभा ने गर्जना की।

''और मृत्यु भी सभी की साझी है।'' वह बूढ़ी ठहाका मारकर हँस पड़ी।

मौलवी के सीने में घबराहट सी हुई, परंतु मोपलों को त्वरित रूप से उत्तेजित करने के लिए वह झट से बोला, ''हाँ चलिए, लाइए उन काफिरों की सभी कन्याएँ मेरे सामने!''

उन सभी जवान लड़कियों को, जिन्हें वैसे ही लूट के तौर पर रखा गया था, लाकर पंक्ति में खड़ा कर दिया गया। थंगल ने कहा, ''छोकरियो, तुममें से जो मुसलमान होंगी उनसे मोपले सरदार शादी करके तुम्हें विधिपूर्वक अर्धांगिनी के सारे अधिकार दे देंगे। लेकिन जो मुसलमान धर्म नहीं स्वीकारेंगी, वे जबरदस्ती मोपला सैनिकों को दासी के रूप में बाँट दी जाएँगी।''

उन सभी जवान लड़कियों को, जिन्हें वैसे ही लूट के तौर पर रखा गया था, लाकर पंक्ति में खड़ा कर दिया गया। थंगल ने कहा, ''छोकरियो, तुममें से जो मुसलमान होंगी उनसे मोपले सरदार शादी करके तुम्हें विधिपूर्वक अर्धांगिनी के सारे अधिकार दे देंगे। लेकिन जो मुसलमान धर्म नहीं स्वीकारेंगी, वे जबरदस्ती मोपला सैनिकों को दासी के रूप में बाँट दी जाएँगी।''

''परंतु मैं मरने के लिए तत्पर हूँ, मैं, मैं और मैं!'' पाँच-छह वीर युवतियाँ उस पंक्ति में से निर्भयता से गरज उठीं। परंतु वह बूढ़ी उनमें से एक का मुँह सहलाकर और अपना घिनौना मुँह उसके गाल से जान-बूझकर लगाकर बोली, ''मेरी बिटिया, तू अभी बच्ची है। मरना सभी को है, लेकिन छोरी, थोड़ा जीकर भी देखेगी या नहीं? तू अपनी मरजी से कोई भी मोपला ले ले, फिर तो ठीक है! अरी, हिंदू से मोपला बहुत अच्छा। मैं अनुभव की बात बता रही हूँ, सुन।''

"जल जाए रंडी तेरा मुँह," कहते हुए उस तेजस्विनी लड़की ने उस बूढ़ी के मुँह पर एक तमाचा मारा परंतु उससे उस बूढ़ी को मानो संतोष ही हुआ और उसने कहा, "ओह, अगर हिंदू पुरुष इस तरह से दूसरों के मुँह पर झट से मारना सीखते, तो मेरी छोरी, मैं भी तेरे साथ मरने के लिए तत्पर होती! लेकिन उन निगोड़ों को तमाचा खाने में ही साधुता लगती है। इसलिए तो मैं उनके मुँह पर लगातार मारती आई हूँ! जब उनका पेट भरेगा तमाचे खाकर, उसी दिन मैं मरूँगी!" उसकी यह विक्षिप्त टकली चल रही थी, तब मौलवी ने जल्दी-जल्दी उन हिंदू लड़कियों में से जिसे जो भाए उसे चुन लेने के लिए मोपलों से कहा। पहले बड़े सरकार, फिर छोटे, फिर सैनिक, इन लोगों के चुनने का तय हो गया। सबसे पहले पागल मोहम्मद बोला, "मुझे लक्ष्मी चाहिए।" यह सुनते ही मौलवी के माथे पर अठियाँ दिखने लगीं। तब तुरंत सँभलकर मोहम्मद बोला, "मुझे लक्ष्मी चाहिए! मैंने उसे पराजित किया है और हम सबके लिए जो सर्वश्रेष्ठ और प्रथम मान के अधिकारी हैं, उन मौलवीजी को मैं उसे अर्पित करूँगा। ठीक है?" "ठीक है," सबने कहा। परंतु थंगल चुप रहा। उसे लगा, मौलवी ने जान-बूझकर उसका अपमान करवाया। फिर इब्राहिम ने कहा, "मौलवी के बाद चुनाव करने का हक मेरा है।" परंतु अब्दुल गुस्से से बोला, "मेरा।" तब इब्राहिम ने कहा, "मैंने तीन मंदिर मिट्टी में मिला दिए, दस से बीस लड़कियाँ और औरतों को पकड़कर लाया हूँ। उनके बाप, भाई और घरवालों को जान से मार दिया अथवा घायल किया या मुसलमान बनाया। इसलिए मैं श्रेष्ठ हूँ। खिलाफत राज में धर्म का प्रचार और शत्रु का दमन मेरे जितना किसने किया?"

ओह, अगर हिंदू पुरुष इस तरह से दूसरों के मुँह पर झट से मारना सीखते, तो मेरी छोरी, मैं भी तेरे साथ मरने के लिए तत्पर होती! लेकिन उन निगोड़ों को तमाचा खाने में ही साधुता लगती है। इसलिए तो मैं उनके मुँह पर लगातार मारती आई हूँ! जब उनका पेट भरेगा तमाचे खाकर, उसी दिन मैं मरूँगी!

"अब्दुल ने," अब्दुल ने कहा, "मैंने कुट्टम के ब्राह्मणवन के काफिरों की सभी पुस्तकों को आग लगा दी। सुमति का पीछा मैंने किया। 'हिंदुओं पर दया करो' कहनेवाले, हमारे धर्मवीरों के धैर्य को—कृत्यों को अत्याचार समझनेवाले खिलाफत राज में द्वेष्टा शिया मुसलमान फकीर को आखिरी पत्थर—जिससे उसका माथा नारियल की भाँति तड़ाक से फूटकर चकनाचूर हुआ—वह प्राणघातक पत्थर मैंने मारा। अफगान के अमीर साहब दिल्ली आए, यह खुशी की खबर मैं लाया। अली मुसेलियर के सामने माधव नायर के पेट में मैंने छुरी घोंप दी, क्योंकि उसने खिलाफत सचिव का काम करते हुए भी मोपला कांड के लिए हिंदुओं से केवल दस हजार रुपए ही जमा किए, दस लाख नहीं। मैंने सिपाहियों को लूटा। मैं काफिरों के देवताओं से लड़ा। मैं काफिरों के सैकड़ों पुरुषों से लड़ा। मैं काफिरों की सैकड़ों औरतों से लड़ा।"

मैंने कुट्टम के ब्राह्मणवन के काफिरों की सभी पुस्तकों को आग लगा दी। सुमति का पीछा मैंने किया। 'हिंदुओं पर दया करो' कहनेवाले, हमारे धर्मवीरों के धैर्य को—कृत्यों को अत्याचार समझनेवाले खिलाफत राज में द्वेष्टा शिया मुसलमान फकीर को आखिरी पत्थर—जिससे उसका माथा नारियल की भाँति तड़ाक से फूटकर चकनाचूर हुआ—वह प्राणघातक पत्थर मैंने मारा।

वह बूढ़ी जोर से गरज उठी, "तो फिर तू ही सबसे शूर तथा धर्मनिष्ठ है, यह निश्चित हुआ। लेकिन मैं? मैं लगातार तीन-चार दिन-रात काफिरों के घरों को आग लगती रही हूँ। आधा मालाबार मैंने जला दिया। लेकिन अभी जला नहीं। मेरा क्या किसीसे झगड़ा था? केवल मुसलमान धर्म का अभिमान था, इसलिए। उसका काफिरों पर दबदबा जमाकर हिंदू होने में कितनी हानि है, यह उनके ध्यान में लाने के लिए मैं यह कार्य करती आई। मेरा धर्म का अभिमान तथा मेरी देशसेवा क्या तुम्हारे से कम है? पीछे से आए निगोड़े और सिर पर बैठ गए। दो काफिरों की लड़कियों को तो मैंने जला ही दिया!

अल्लाह की कसम! और कई बार जबरदस्ती मोपलों के···''

इस विवाद को रोककर मौलवी ने कहा, ''वीरो, इब्राहिम अब्दुल, बूढ़ी अम्मा! तुम्हारे और बाकी वीरों के कृत्य इतने उज्ज्वल हैं कि वे तुम्हें इस लोक में यश और सुख तथा परलोक में स्वर्ग की प्राप्ति कराने में सहायक होंगे। तुम्हारे पराक्रम के कारण ही हम आज इस राजपीठ पर गर्व कर सकते हैं, आज हमारे इस राज में एक भी काफिर जिंदा नहीं रहा। आज इस खिलाफत राज में केवल ईश्वर और पैगंबर की आज्ञा को माननेवाले सद्धर्मनिष्ठ, ईमानदार मुसलमान ही रह रहे हैं। न्यायपरक इसलाम के कानून से ही यहाँ राज का कारोबार चलाने के कारण अन्याय का नाम भी सुनाई नहीं देता; और इसलिए मेरी आज्ञा है कि धर्मयुद्ध में मिली हुई लूट भी हमें पवित्र कुरान की आज्ञा के अनुसार बाँट लेनी चाहिए। आठवें अध्याय के पहले आयने में कुरान शरीफ कहता है कि 'ऐ वफादार मुसलमानो, तुम काफिरों से लड़कर प्राप्त की हुई लूट के बारे में लड़ना मत। इसमें बिल्कुल संदेह नहीं कि सारी लूट ईश्वर और पैगंबर की ही है। वे देंगे, करेंगे—इस तरह सभी को मानना चाहिए। अब ईश्वर ने सप्तस्वर्ग से ऊँचे स्थान पर विराजमान होने के कारण उसने पृथ्वी पर लूट का हक पैगंबर को दिया है। पैगंबर ने खलीफा को दिया। अर्थात् खलीफा ने जिस समय इस तालुका के खिलाफत राज के प्रतिनिधित्व का हक मुझे दिया, उस समय उस देन से ही वह हक मेरे पास आया। इसलिए सारी लूट धर्म से पहले मेरी है। इस लूट में से मैं तुम धर्मवीरों में जो बाँटना चाहता हूँ वह केवल मेरी उदारता और धार्मिक प्रवृत्ति के कारण ही है। इसलिए इस

वीरो, इब्राहिम अब्दुल, बूढ़ी अम्मा! तुम्हारे और बाकी वीरों के कृत्य इतने उज्ज्वल हैं कि वे तुम्हें इस लोक में यश और सुख तथा परलोक में स्वर्ग की प्राप्ति कराने में सहायक होंगे। तुम्हारे पराक्रम के कारण ही हम आज इस राजपीठ पर गर्व कर सकते हैं, आज हमारे इस राज में एक भी काफिर जिंदा नहीं रहा।

लूट का जो बँटवारा करूँगा, वह बिना बहस करते हुए बाँट लेना।'' कहते हुए उसने उन लड़कियों में से जिसने जो चाही, उसे दे दी। फिर थोड़ी बड़ी उम्र की औरतों को बाँटा गया। उनमें से एक साध्वी रोते-रोते बार-बार कहती थी, ''दया करो। मैं विवाहिता हूँ। मुझे मेरे पति के पास भेज दो। अथवा जान से मार डालो!''

थंगल ने कहा, ''ऐ औरत, तू जब तक मुसलमान नहीं बनती, तब तक तेरा कोई पति होना संभव ही नहीं। क्योंकि कुरान शरीफ के चौथे अध्याय के पच्चीसवें आयने के अनुसार काफिरों की औरतें—यदि उनकी पहले शादी हुई हो या न हुई हो—मुसलमानों की संपत्ति होती है। और कुरान शरीफ के दूसरे अध्याय के दो सौ बीसवें आयने के अनुसार काफिर की स्त्री कितनी भी भली क्यों न हो, उससे मुसलमान दासी भी श्रेष्ठ है, ऐसा आज्ञापित किया है। इसलिए तुझे पति करने का अधिकार मुसलमान होने तक नहीं मिलेगा। काफिर पतिशास्त्र नहीं मानता। मुसलमान धर्म स्वीकारने तक तुझे पति नहीं मिल सकता। इसलिए केवल दासी होकर ही तुझे रहना पड़ेगा।''

ऐ औरत, तू जब तक मुसलमान नहीं बनती, तब तक तेरा कोई पति होना संभव ही नहीं। क्योंकि कुरान शरीफ के चौथे अध्याय के पच्चीसवें आयने के अनुसार काफिरों की औरतें—यदि उनकी पहले शादी हुई हो या न हुई हो—मुसलमानों की संपत्ति होती है।

''परंतु मुझे जान से मारने के विरुद्ध तो शास्त्र नहीं है न? जिस शास्त्र से कोमल बच्चों तथा वृद्ध पुरुषों को मार सकते हैं, अस्पृश्य कुमारियों को भ्रष्ट किया जाता है, देवमूर्ति फोड़ सकते हैं, उस शास्त्र में स्त्री को मार डालने के लिए कोई आधार न हो, यह संभव नहीं। मुझे मार डालो!''

थंगल ने कहा, ''ऐ औरत, लेकिन ऐसा है…'' इतने में गुस्से से वह मोपला कृत्या गरजी, ''ऐ थंगल, तू उस लौंडी को क्या समझाने बैठा है! लगता है तू मुसलमान नहीं! अध्याय सात आयने एक सौ अट्ठावन में क्या बताया

है ? पूरे कुरान में से वही एक आयन मैंने याद किया है और उस एक आयन से मेरी आत्मा को मशाल जितना स्पष्ट दिखाई दे रहा है। मुसलमानो, उस आयन के कहे अनुसार विश्वास रखो! निरक्षर ईशप्रेषित मोहम्मद पर विश्वास रखो! विवाद क्या कर रहा है! जो विवाद करता है, वह कैसा मुसलमान ?''

इतने में कोई मोपला एक और स्त्री को पकड़ लाया, ''एक काफिर औरत खिलाफत राज्य में अभी तक जिंदा है।''

''ले आओ उसे सामने!'' उस बूढ़ी ने कहा और उसके सामने आते ही ठहाका मारकर हँसती हुई बोली, ''हाय, यह तो मुझसे भी कुरूप है। इसकी कौन परवरिश करेगा? इसे क्या कोई पति मिलेगा?'' मोपलों में से अनेक लोग जोर-जोर से हँसते हुए बोले, ''हम सब मिलेंगे, एकाध क्यों! लेकिन इस भैंस को कौन लेगा?'' मोपला गरज उठे, ''मुफ्त में भी यह नहीं चाहिए!'' ''तो फिर मर जा रंडी!'' वह बूढ़ी बोली। तब घबराई हुई वह औरत विह्वलता से बोली, ''बेशक मार डालना, परंतु अभी मत मारो, मैं पाँव छूती हूँ, मैं गर्भवती हूँ। दो महीने के बाद यह बच्चा पैदा होगा। फिर मुझे सुख से मार डालना। अब मेरे लिए मेरे इस निर्दोष गर्भ की जान मत लो! मैं गर्भवती हूँ।''

इतने में कोई मोपला एक और स्त्री को पकड़ लाया, ''एक काफिर औरत खिलाफत राज्य में अभी तक जिंदा है।'' ''ले आओ उसे सामने!'' उस बूढ़ी ने कहा और उसके सामने आते ही ठहाका मारकर हँसती हुई बोली, ''हाय, यह तो मुझसे भी कुरूप है। इसकी कौन परवरिश करेगा? इसे क्या कोई पति मिलेगा?''

''ओह! तू गर्भवती है, इतनी ही बात है न? तो फिर नर्क में सूतिकाओं के लिए स्वतंत्र कमरे होते हैं। तू मर जा, उन कमरों में से एक तुझे मिल जाएगा। इतना ही नहीं, अपितु मैं खुद तेरी प्रसूति कराने के लिए दो महीनों के अंदर-ही-अंदर तेरे पीछे-पीछे ही नर्क में आ रही हूँ। इसलिए डर मत!'' वह बूढ़ी इस तरह कह ही रही थी कि तभी उसके इस वीभत्स तथा भीषण

व्यंग्य से सारे मोपले जोर-जोर से हँस पड़े। उसी हँसी से ज्यादा उत्तेजित और व्यंग्य के जोश में उस बूढ़ी ने अपनी छुरी उस स्त्री के पेट में हँसते-हँसते घुसा दी। वह औरत मर गई। वह गर्भ कट गया।

"घुड़शाला की गंजी के पास रहनेवाली यह बुढ़िया! अरे, यह कैसे इतनी देर बची! इसे मैं अपनी बीवी बनाऊँगा! नहीं, मैं बनाऊँगा!" इस तरह से मोपला सैनिकों में फिर से हँसी-मजाक शुरू हुआ, क्योंकि एक जर्जर हिंदू स्त्री को उसके गाँव की गंजी के सामनेवाली झोंपड़ी में से ढूँढ़कर पकड़ लाया गया था। जो कोई मोपला, पुरुष या स्त्री, हिंदुओं में से किसी भी मनुष्य को पकड़कर लाएगा, उसे इनाम मिलेगा, ऐसा ऐलान खिलाफती राज के पहले ही दिन किए जाने के कारण हर कोई मोपला हिंदू का शिकार करने के लिए घूमता था। लेकिन इस जर्जर बूढ़ी का भी कुछ मोल है, यह किसीके लिए भी सच नहीं था, इसलिए किसीने भी उसपर ध्यान नहीं दिया था। वह आज इतने दिनों से कुट्टम गाँव की उस घुड़शाला के पास इतनी चुपचाप पड़ी रहती थी कि उस झोंपड़ी के पास खड़े किसी बरगद के पुराने चबूतरे की तरह कहीं भी उसकी गिनती नहीं थी। वह इतनी बूढ़ी थी कि उस गाँव के बूढ़े-से-बूढ़े लोगों को भी उसकी युवावस्था कभी याद ही नहीं आती थी। वह किसी के साथ बातें करती हो, यह भी ज्यादातर किसीको ज्ञात नहीं। लेकिन जो चार शब्द वह बोलती थी, वे टेढ़े तथा तीखे होते थे। उसकी पूर्वपीठिका किसीको भी ज्ञात नहीं थी। उसके पास कभी कोई आता नहीं था। वह किसी के पास बैठती नहीं थी। उसका नाम भी किसीको ज्ञात नहीं था। उसे 'गंजी पास की बूढ़ी' इतना ही सब कहते थे। ऐसी जराजर्जर बुढ़िया को भी इनाम

"घुड़शाला की गंजी के पास रहनेवाली यह बुढ़िया! अरे, यह कैसे इतनी देर बची! इसे मैं अपनी बीवी बनाऊँगा! नहीं, मैं बनाऊँगा!" इस तरह से मोपला सैनिकों में फिर से हँसी-मजाक शुरू हुआ, क्योंकि एक जर्जर हिंदू स्त्री को उसके गाँव की गंजी के सामनेवाली झोंपड़ी में से ढूँढ़कर पकड़ लाया गया था।

की आशा से जब कोई मोपला औरत पकड़कर लाई तब स्वाभाविक रूप से सभी ओर हँसी हुई। किसीने कहा, ''इस जर्जर बुढ़िया को पकड़ लाने के बदले में उस बीबी अम्मा को पूरी दो कौड़ियाँ दे दो।'' ''क्या इस बुढ़िया का मोल इतना कम है ?'' ''इसे पकड़ने के बदले में पूरी एक कौड़ी और आधी कौड़ी, इस तरह डेढ़ कौड़ी इनाम मिलना चाहिए।'' ''मैं तुझे डेढ़ क्या, डेढ़ सौ कौड़ियाँ दूँगा। इसे तू अपनी औरत बना ले तो ?'' ''अरे वह औरत तो है ही! उसे पुरुष बनाना पड़ेगा।'' ''क्या सबूत है ? क्या सबूत है कि यह औरत है ? लगता है यह साला कभी-कभी इसकी पूरी जाँच कर लेता है!'' इस तरह की सस्ती शब्दक्रीड़ा मोपलों के समुदाय में जोर-जोर की हँसी फैला रही थी। उस मजाक से उत्तेजित होकर वह कृत्या भी अपनी मशाल लेकर उस बुढ़िया की ओर दौड़ी और बोली, ''ऐ अप्सरा, तुझसे अधिक बूढ़ा इस दुनिया में कौन है ?''

''तेरा बाप!'' बुढ़िया उपरोध से हँसी।

''क्या सचमुच तेरा मूल्य मेरी इस फूटी कौड़ी जितना है ?''

इस तरह की सस्ती शब्दक्रीड़ा मोपलों के समुदाय में जोर-जोर की हँसी फैला रही थी। उस मजाक से उत्तेजित होकर वह कृत्या भी अपनी मशाल लेकर उस बुढ़िया की ओर दौड़ी और बोली, ''ऐ अप्सरा, तुझसे अधिक बूढ़ा इस दुनिया में कौन है ?''

''तेरा बाप!'' बुढ़िया उपरोध से हँसी।

''क्या सचमुच तेरा मूल्य मेरी इस फूटी कौड़ी जितना है ?''

''नहीं, तेरी फूटी कौड़ी जितना नहीं बल्कि तेरी फूटी खोपड़ी जितना है!''

''ठीक है फिर!'' जरा चौंककर वह कृत्या पीछे हटी, उसका चेहरा फीका पड़ गया। फिर उसने एक-दो बार इस तरह गरदन मटकाई जैसे कुछ जान गई है।

''ठीक है! बता दे अब तू सबकुछ, जो देखना था वह देखा, अब ले,

बुझा दी मैंने अपनी यह मशाल!"

इस तरह अजीब तरीके से बोलकर उस कृत्या ने वह मशाल मिट्टी में घुसेड़कर बुझा दी। उसका यह कृत्य उन लोगों को भी विचित्र लगा, जो उसकी हमेशा की उद्दंडता को जानते थे। वह कृत्या फिर से बोली, "बता, बता दे क्या है ?"

परंतु मौलवी ने कहा, "यह क्या गड़बड़ी मचा रखी है! इस बूढ़ी की गपशप सुनने का यह समय थोड़े है, बुड्ढी अम्मा ?"

मौलवी की अहंमन्यता तथा उसके इस घमंड से कि 'जो आज्ञा देनी है वही उसे देगा' झल्लाया हुआ थंगल, मौलवी का अपमान करने का अवसर देख ही रहा था। अब बूढ़ी अम्मा—उस कृत्या के भी—उसके पक्ष में होने की संभावना से तथा लोगों की जिज्ञासा भी उसकी थोड़ी सहायता करेगी, यह बात स्पष्ट होने के कारण, मौलवी के विरुद्ध आज्ञा देने के निश्चय से थंगल ने कहा, "बूढ़ी अम्मा! तुम कहती हो, वही ठीक है; और आप लोगों को यदि यही ठीक लगता है कि वह जो कुछ भी है, बताना चाहिए तो वह महत्त्वपूर्ण, कम-से-कम जानकारीपरक तो होगा ही। बता दे, ऐ गंजी पास की बुढ़िया, बता दे जो कुछ भी है!"

मौलवी की अहंमन्यता तथा उसके इस घमंड से कि 'जो आज्ञा देनी है वही उसे देगा' झल्लाया हुआ थंगल, मौलवी का अपमान करने का अवसर देख ही रहा था। अब बूढ़ी अम्मा—उस कृत्या के भी—उसके पक्ष में होने की संभावना से तथा लोगों की जिज्ञासा भी उसकी थोड़ी सहायता करेगी"

मौलवी बोला, "यह समय की बरबादी हो रही है, इतना भी नहीं समझते ?"

थंगल बोला, "समय की बरबादी किसे कहते हैं यह तुम-हमसे अधिक धर्मशास्त्र जानता है, यह बात स्पष्ट है; यह बुड्ढी है, फिर भी उसकी आत्मा है। इसे मारने या दूसरी कोई भी सजा देने से पहले इसका क्या कहना

है, वह सुन लेना चाहिए। इसलाम का कानून किसीको भी अन्याय से सजा नहीं देता। खिलाफत के राज में मुजरिम का कहना सुने बिना किसीको सजा या इनाम नहीं मिलता। खिलाफत का राज न्याय तथा धर्म का राज है।''

''खिलाफत का राज न्याय का राज है। अन्याय से हम किसीको भी सजा नहीं देते! इसलाम का कानून कभी भी जुल्म नहीं करता।'' भीड़ से गर्व भरी प्रतिध्वनि उठी, ''बोल! गंजी पास की बुढ़िया, बता जो बताना है!'' सैकड़ों आवाजें।

''बता!''

''नहीं—मैं जो कहनेवाली हूँ वह व्यंग्य है!'' वह बुढ़िया पोपले मुँह से शब्द चुभलाने लगी, ''मेरे अब थोड़े दिन बचे हैं। उन्हें मैं अपने हिंदू धर्म के अनुसार आचरण करते हुए बिताऊँ तथा हिंदू कहलाती हुई मर जाऊँ, ऐसी मेरी इच्छा थी। मैंने इस मोपला औरत के—जब यह मुझे पकड़ने आई तब—पैर भी पकड़े कि वह मुझे क्यों ले जा रही है? देवताओं की मूर्तियाँ तोड़नी हैं तो मेरे मंदिर में एक भी मूर्ति बची नहीं। लज्जा छीननी है तो मेरे कौमार्य के गन्ने को चूसकर फेंकी गई चिप्पियों की आग में मेरी लज्जा कब की राख हो चुकी है। सुतवतियों के बच्चों को दूध पिलानेवाले स्तनों पर कुंद तलवार चलाकर उसे धार लगानी हो तो सूखे झरनेवाली चट्टान की तरह यह मेरी छाती रूखी तथा उग्र दिख रही है। सारांश, जिहाद—धर्मयुद्ध—करनेवाले मोपला धर्मवीरों के किसी भी धार्मिक कृत्य के काम में आने जैसी चीज मेरे पास बची नहीं। इसलिए मैंने कहा था

मेरे अब थोड़े दिन बचे हैं। उन्हें मैं अपने हिंदू धर्म के अनुसार आचरण करते हुए बिताऊँ तथा हिंदू कहलाती हुई मर जाऊँ, ऐसी मेरी इच्छा थी। मैंने इस मोपला औरत के—जब यह मुझे पकड़ने आई तब—पैर भी पकड़े कि वह मुझे क्यों ले जा रही है? देवताओं की मूर्तियाँ तोड़नी हैं तो मेरे मंदिर में एक भी मूर्ति बची नहीं। लज्जा छीननी है तो मेरे कौमार्य के गन्ने को चूसकर फेंकी गई चिप्पियों की आग में मेरी लज्जा कब की राख हो चुकी है।

कि मुझे क्यों पकड़ती है? परंतु यह मोपला मुसलमान औरत आखिर मुझे पकड़ ही लाई। अब एक बात है कि मैं अपना हिंदू धर्म नहीं छोड़ रही और दूसरी बात यह है कि मुझे ठीक तरह से देख लो। जिसके स्तनों का दूध पीकर मनुष्य साँप बन गए हैं, ऐसी बुढ़िया इस मालाबार में मेरे मरने के उपरांत तुम्हें नहीं दिखेगी। मैंने अपने इन स्तनों से जिन बच्चों को दूध पिलाया, उनमें से जो साँप बने, उन्हें मैंने अपने घर में रखा। जो मनुष्य ही रह गए उन्हें मैं घर से डेढ़ सौ फीट तक भी आने नहीं देती।''

''ऐ बुड्ढी, क्या बक रही है?'' थंगल की पहली बातों का गुस्सा दिखाते हुए उसे किसी तरह बोलने से रोककर थंगल की आज्ञा को निष्फल करने के लिए मौलवी गरज उठा, ''कौन? कौन मनुष्य? क्या बकती है? साँप कौन? चल, जल्दी कर!''

''ऐ बुड्ढी, क्या बक रही है?'' थंगल की पहली बातों का गुस्सा दिखाते हुए उसे किसी तरह बोलने से रोककर थंगल की आज्ञा को निष्फल करने के लिए मौलवी गरज उठा, ''कौन? कौन मनुष्य? क्या बकती है? साँप कौन? चल, जल्दी कर!''

''साँप तू! और मनुष्य जान से मारा गया वह कंबू! थिय्या! जल्दी कर रही हूँ। मैं मरूँगी। परंतु इतना ही कहकर मरूँगी कि मेरे स्तनों के दूध की धारा तेरी माँ के स्तन से तेरे मुँह में पड़ी है। मेरे गर्भ के जीवन की धारा तेरी माँ के गर्भ से बहती तेरे हृदय में उतरी है।''

''चुप कर! साली, क्या बकती है! इस मौलवी की नसों में मोहम्मद पैगंबर के खून का खून है, समझी! पैगंबर की मौसी के दामाद की बहन का जो सगा पड़ोसी, उसके भतीजे का लड़का मेरा पूर्वज है, समझी! रंडी कहीं की! मैं सैयद हूँ। मैं अरब हूँ! मैं कुरैश हूँ!''

मौलवी के इस गुस्से का कारण स्पष्ट था। परंपरा यह थी कि खिलाफत राज में प्रमुख अधिकार अरबों के और उसमें भी पैगंबरों की जाति में उत्पन्न असली मुसलमानों के हाथ में होना चाहिए। इसलिए उसके पूर्वज असली कुरैश हैं, यह दावा मौलवी हमेशा जोर-जोर से करता था। परंतु इस बुढ़िया के

इन वाक्यों ने उसके मर्म पर ही आघात किया था। लेकिन मौलवी को उसके इस वाक्य से जितना क्रोध आया था, उतना ही संतोष उन्हीं वाक्यों से थंगल को हुआ और वह मन में अत्यंत उत्सुक हो गया कि उस बुढ़िया के मुख से कुछ अद्भुत समाचार बाहर निकलेगा और फिर इस मौलवी का घमंड एक क्षण में नष्ट कर दिया जाएगा। इस आशा के साथ थंगल ने उस बुढ़िया से कहा, ''बुढ़िया, डरो मत, जो कहना है वह कह दो; जो सत्य है, उसे निर्भीक होकर, निर्भयता से कहो।''

''तो सुनो! स्पष्ट रीति से सुनो! मैं मालापुत्तर गाँव के रतन कनीसन की बेटी हूँ। मेरे तीन बच्चे हुए। दो लड़के और एक सबसे छोटी लड़की। हमारी कनीसन की जाति थिय्या से भी नीच समझी जाने के कारण, हमारा घर हमारे गाँव से बिल्कुल दूर किसी गढ़े जैसी जगह पर था। हमारे पड़ोस में किसी खेत में काम करनेवाले मोपला परिवार की केवल एक झोंपड़ी थी। उस वर्ष बहुत भारी अकाल पड़ा। लेकिन मैंने उस मोपला परिवार के सभी लोगों को अपनी रोटी में से रोटी और सब्जी में से सब्जी देकर दया से पाला-पोसा। वे जब मुझसे आँखों में आँसू लाकर कहते थे कि 'अल्लाह तेरा भला करे! तू हमारी माँ है!' तब दया से मैं मन-ही-मन कहती थी, 'मैं इन्हें पुत्रों के समान मानूँगी। प्राण जाने पर भी ये मुझे दूर नहीं करेंगे।' अकाल समाप्त हुआ। वह मोपला परिवार खा-पीकर मोटा-ताजा हुआ। इतने में मोपलों का एक दंगा अरनाड़ तालुका की तरफ होने की खबर आई। खबर के पीछे-पीछे 'दीन-दीन' करते हुए हम उन दो बच्चों को

तो सुनो! स्पष्ट रीति से सुनो! मैं मालापुत्तर गाँव के रतन कनीसन की बेटी हूँ। मेरे तीन बच्चे हुए। दो लड़के और एक सबसे छोटी लड़की। हमारी कनीसन की जाति थिय्या से भी नीच समझी जाने के कारण, हमारा घर हमारे गाँव से बिल्कुल दूर किसी गढ़े जैसी जगह पर था। हमारे पड़ोस में किसी खेत में काम करनेवाले मोपला परिवार की केवल एक झोंपड़ी थी। उस वर्ष बहुत भारी अकाल पड़ा।

लेकर, उस मोपला परिवार को घर का ध्यान रखने के लिए कहकर, वन में जाकर छिप गए। परंतु उन दंगाइयों को हमारा पता लगा और वे दूसरे दिन हमें पकड़ने आए। उन सबके आगे हमारा पता लगाते हुए और मार्ग दिखलाते हुए कौन आया था? हमारे द्वारा अकाल में पाले-पोसे उस मुसलमान परिवार की औरतों ने हमें पकड़ लिया और मेरे पति को मुसलमान बनाने के लिए पकड़कर ले गए और उन्हें जान से मार डाला। मुझे नग्न करके मेरी लज्जा हरण की—किसने? हमने अकाल में जिन्हें पाला-पोसा, उस मोपला परिवार के मुसलमानों ने! ऐसी गड़बड़ी के बावजूद मेरी छोटी लड़की को लेकर मेरा बड़ा लड़का भागकर छिपते-छिपते हमारे मालापुत्तर गाँव में आया और किसीसे आश्रय के लिए विनती करने लगा। दंगाई चारों ओर से आ ही रहे थे। लेकिन हम कनीसन जाति के! मेरी उस बच्ची को गाँव के आसपास कोई आने नहीं दे रहा था। मेरे बच्चे किसी ब्राह्मण के आगे पल्लू फैलाकर बोले, 'हमें जबरदस्ती मुसलमान बना रहे हैं। आप हैं हिंदुओं के गुरु! हमारी रक्षा करो!' तब वह ब्राह्मण बोला, 'क्यों न तू मुसलमान बन जाए! उसमें मेरा क्या जाता है?' तब मेरे बच्चे भयभीत होकर किसी मंदिर में रात को छिपकर बैठे। लेकिन इतने में किसी नायर क्षत्रिय ने यह देखकर शोर मचाया। उस मंदिर के परिक्रमा-मार्ग पर कुत्ते सुख से सो रहे थे, परंतु उस क्षत्रिय ने मेरे बच्चों को मारते-मारते मंदिर के बाहर भगा दिया। बच्चों ने उसकी कितनी मिन्नतें कीं, 'महाराज, आप क्षत्रिय—हिंदुओं के रक्षक। हमें मुसलमान जबरदस्ती पीड़ा दे रहे हैं, मुसलमान बना रहे हैं। मारिए, परंतु हमें धर्मभ्रष्ट न होने दीजिए।' उसने कहा, 'मुसलमान तुझे भ्रष्ट

परंतु उन दंगाइयों को हमारा पता लगा और वे दूसरे दिन हमें पकड़ने आए। उन सबके आगे हमारा पता लगाते हुए और मार्ग दिखलाते हुए कौन आया था? हमारे द्वारा अकाल में पाले-पोसे उस मुसलमान परिवार की औरतों ने हमें पकड़ लिया और मेरे पति को मुसलमान बनाने के लिए पकड़कर ले गए और उन्हें जान से मार डाला।

कर रहे हैं तो क्या तू मंदिर भ्रष्ट करेगा? भ्रष्ट हो जा या मर जा! तेरा धर्म तेरे पास। मेरा धर्म मेरे पास। मुझे उससे क्या!' तब मेरे बच्चे महारवाड़े में थिय्या लोगों की घास की जो गंजिया थी, उसमें जाकर छिप गए। इसपर वे थिय्या लोग शोर मचाते हुए चिल्लाए, 'कनीसन जाति के बच्चों ने गंजी को छूआ! हम महारों को छुआछूत हुई।'

मेरे बच्चों ने कहा, 'हाथ जोड़ते हैं महाराज! आप महार—हम कनीसन डोम आपसे नीचे हैं। परंतु ये मुसलमान हिंदू धर्म छोड़ो, नहीं तो मरो, कहते हुए हमारे पीछे पड़े हैं। इसलिए आश्रय दीजिए। आप महार थिय्ये! आप जब बनिया, सुतार, तेली लोगों के पास जाते हैं और वे आपको 'दूर हो जाओ' कहकर दुत्कारते हैं, तब आपको वह अन्याय लगता है। परंतु महार महाराज, वही अन्याय आज आप हमारे साथ कर रहे हैं! कम-से-कम आज तो हमें आश्रय दीजिए। हमें मुसलमानों ने जबरदस्ती मुसलमान बनाया तो आप ही के हिंदू धर्म की क्षति होगी न?' वे महार थिय्ये क्रोधित हो हँसे, 'गधो, हिंदू धर्म क्या कहीं तुमसे ही जिंदा रहा है? और तुम यदि मुसलमान हुए तो अच्छा होगा या बुरा? तुम कनीसन हिंदुओं को हम महार छूते नहीं। परंतु मुसलमान होता तो वह हमें छू सकता था! जाओ, मुसलमान बनो या न बनो; हमें उससे क्या!' महारों की ये बातें हो रही थीं, इतने में उस गाँव पर मोपलों का हमला हुआ, परंतु पुलिस के आने से पहले मोपले भाग गए। केवल मेरी बेटी फिर से उनके हाथ लगी। वह दीन गाय की तरह चिल्ला रही थी, परंतु कोई हिंदू उसकी रक्षा नहीं कर

मेरे बच्चों ने कहा, 'हाथ जोड़ते हैं महाराज! आप महार—हम कनीसन डोम आपसे नीचे हैं। परंतु ये मुसलमान हिंदू धर्म छोड़ो, नहीं तो मरो, कहते हुए हमारे पीछे पड़े हैं। इसलिए आश्रय दीजिए। आप महार थिय्ये! आप जब बनिया, सुतार, तेली लोगों के पास जाते हैं और वे आपको 'दूर हो जाओ' कहकर दुत्कारते हैं, तब आपको वह अन्याय लगता है।

रहा था। हर कोई अपनी-अपनी ऐंठ में या चिंता में—'मुझे उससे क्या!' यही कहता रहा। मेरी बेटी के साथ मुसलमानों ने भयानक अत्याचार किए। अंत में कोई एक मोपला उसे अपना शतरंज का मोहरा समझकर ले गया। थोड़े ही दिनों में उसे दिमाग की कोई बीमारी हुई। आगे चलकर कभी-कभी वह मुझसे मिलती थी, लेकिन पागल की तरह कहती 'मुझे उससे क्या! इन निगोड़े हिंदुओं को अच्छा सबक सिखाना चाहिए कि उन्हें उनसे कुछ है।' बाद में वह कहीं गायब हो गई। परंतु मैं सुनती रही कि हर किसी हिंदू को देखकर वह पागल की तरह चिल्लाती थी, 'मुझे उससे क्या? सिखाऊँगी तुझे मैं, तुझे उससे क्या!' मेरे दोनों बेटे पकड़े गए और भ्रष्ट किए गए। उनमें से जो बड़ा था, वह मेरे पास ही रहा। लेकिन जो छोटा था, बचपन में ही उसपर किसी मोपला थंगल की पापदृष्टि पड़ी और वह मुझसे जबरदस्ती छीन लिया गया। उसे उसने मुसलमान पाठशालाओं में कुरान कंठस्थ करवाया। वह पक्का मुसलमान बना। इतना कि एक दिन वह मुझे और अपने बड़े भाई को जान से मारने को उद्यत हुआ था। हम दोनों को भ्रष्ट किया गया था; परंतु हम दोनों भ्रष्ट नहीं हुए। इसलिए हमने मालापुत्तर के सभी हिंदू बंधुओं से याचना की कि वे हमें फिर से हिंदू मान लें। परंतु वे सारे ठहाका मारकर हँसते थे और कहते थे, 'हिंदू तो मुसलमान बन सकता है, परंतु क्या मुसलमान कभी हिंदू बन सकता है?' 'तुझे हिंदू धर्म के हक नहीं मिलेंगे। तू एक तो कनीसन जाति की औरत है, और अब तुझे मुसलमानों ने भ्रष्ट कर दिया है। अब तुझे हम छुएँगे? पानी के कुएँ के पास और मंदिर के

परंतु मैं सुनती रही कि हर किसी हिंदू को देखकर वह पागल की तरह चिल्लाती थी, 'मुझे उससे क्या? सिखाऊँगी तुझे मैं, तुझे उससे क्या!' मेरे दोनों बेटे पकड़े गए और भ्रष्ट किए गए। उनमें से जो बड़ा था, वह मेरे पास ही रहा। लेकिन जो छोटा था, बचपन में ही उसपर किसी मोपला थंगल की पापदृष्टि पड़ी और वह मुझसे जबरदस्ती छीन लिया गया।

बिल्कुल पास से जाने देंगे ? तूने गाय का मांस खाया तो तुझपर हँसेंगे नहीं ? तूने राम या कृष्ण को गाली दी तो वह तेरा धर्म ही है, ऐसा मानकर हम क्रोध नहीं करेंगे ? कनीसन जाति को हम हिंदू धर्म के जो हक देते हैं, वे तुझे फिर से कैसे दे सकते हैं ? मंदिर के या हमारे घर के डेढ़ सौ फीट के अंदर न आने का अधिकार तुझे फिर से नहीं दे सकते।'

मेरा पति तो मारा ही गया था। मैं और मेरा बेटा दोनों ही घर पर थे। यद्यपि लोग हमें मुसलमान कहते थे, फिर भी कुछ दिन हमने अपने आपको हिंदू समझकर वैसे ही बिताए। एक दिन हम दोनों रामनवमी का उत्सव समाप्त कर भजन करते हुए भक्तिभाव से राम का नाम ले रहे थे। इतने में हाथ में छुरा लेकर एक भयानक हत्यारा मेरे घर में घुसा और कहने लगा, 'मुसलमान बनाने पर भी तू अभी तक काफिरों के ही धर्म का पालन करती है ? जो मुसलमान काफ़िर बने उसे जान से मार डालो, ऐसी हमें धर्माज्ञा है।' इस तरह कहता हुआ वह चांडाल हमें जान से मारने दौड़ा। परंतु मेरे शूर पुत्र ने कुल्हाड़ा उठाकर उसकी पीठ में इतने जोर से और कुशलता से मारा कि वह, 'अल्लाह! या अल्लाह!' कहता हुआ एक-दो बार चिल्लाया और गतप्राण हुआ। हमने पास जाकर देखा तो हमारा हत्यारा कोई और नहीं, बल्कि अकाल में जिसे मैंने दया से पाला-पोसा था और जो मुझे 'माँ' कहता था, वही मेरा पड़ोसी मुसलमान था! सुमति ने जिसे दूध पिलाया था, उस साँप ने उस दूध का उस तरह मूल्य चुकाया लेकिन मैंने अपने मुँह की रोटी खिलाकर जिसे पाला-पोसा उस मोपला ने—मनुष्य ने—मुझे इस तरह से भुगतान किया! क्योंकि साँप कितना भी विषैला क्यों न हो उसका विष किसी एक धर्मग्रंथ

मेरा पति तो मारा ही गया था। मैं और मेरा बेटा दोनों ही घर पर थे। यद्यपि लोग हमें मुसलमान कहते थे, फिर भी कुछ दिन हमने अपने आपको हिंदू समझकर वैसे ही बिताए। एक दिन हम दोनों रामनवमी का उत्सव समाप्त कर भजन करते हुए भक्तिभाव से राम का नाम ले रहे थे।

के मंत्र से प्रभावित नहीं होता, इसीलिए वह विष धर्मांधता के मानवीय विष से कम उग्र होता है।

उस हत्यारे से हम बच गए। परंतु उस वध का मुकदमा हमपर चलेगा और मुसलमान आगे कभी हमें हिंदू धर्म न त्यागने के कारण फिर से मारने आएँगे, इस भय से हमने वह गाँव छोड़ने का निश्चय किया। मेरा बेटा 'थिय्या जाति का हूँ' ऐसा बहाना बनाकर निकला और वह इस कुट्टम गाँव में आकर रहा। मैं भी यहीं बिल्कुल स्वतंत्रता से, जात-पाँत न पूछते, न बताते, किसीसे ज्यादा संबंध ही न रखते हुए आकर रही। कुछ दिनों बाद मेरे बेटे की किसी थिय्या लड़की से शादी हुई। उसके एक बच्चा हुआ; वह मेरा पोता मुझे बचपन से ही प्राणों से प्रिय हुआ करता था। लेकिन उससे मैं तभी मिलती थी जब कोई नहीं होता था। वही मेरा पोता अर्थात् श्रीरंग के मंदिर की रक्षा करते-करते घायल होनेवाला तथा हिंदू जाति को जाग्रत करनेवाला, कल जान से मारा गया हुतात्मा—हिंदू हुतात्मा—कंबू है।

उस हत्यारे से हम बच गए। परंतु उस वध का मुकदमा हमपर चलेगा और मुसलमान आगे कभी हमें हिंदू धर्म न त्यागने के कारण फिर से मारने आएँगे, इस भय से हमने वह गाँव छोड़ने का निश्चय किया। मेरा बेटा 'थिय्या जाति का हूँ' ऐसा बहाना बनाकर निकला और वह इस कुट्टम गाँव में आकर रहा।

यह हिंदू हुतात्मा कंबू मेरा पोता और दूसरा वह मेरा बेटा जो मुसलमानों में पलकर पक्का मुसलमान हुआ—इतना पक्का कि मुझे भी काफिर कहकर मारने लगता था। उस मेरे दूसरे बेटे ने ऐसे ही किसी हिंदू चमार द्वारा भ्रष्ट की गई लड़की के साथ शादी की और उसके जो लड़का हुआ—वह मेरा दूसरा पोता। उसे जन्म से मेरे दूध की पहचान नहीं हुई। परंतु इसका अर्थ यह नहीं कि उसके खून में मेरा दूध नहीं। वह बचपन से मुसलमान धर्मशास्त्र सीखता हुआ बड़ा मौलवी हुआ है। वह मेरा दूसरा पोता और कोई नहीं बल्कि छियासुद्दीन है—श्रीरंग की

मूर्ति को उलटी रखकर उसके पादपीठ पर पैर रखकर खड़ा खिलाफत राज का तुम्हारा कलेक्टर 'मौलवी'!''

''चुप! रंडी कहीं की! इस पगली की क्या सुनते हो? हमारे नेता पर नर्क के छींटे फेंकने के लिए काफिरों ने इसे जान-बूझकर भेजा है! देखते क्या हो, मारो!'' मौलवी गरज उठा।

''काफिरों ने नहीं!'' वह बूढ़ी बोली।

''तो फिर शैतानों ने भेजा होगा!'' मौलवी गरज उठा और झल्लाकर उसपर दौड़ा। थंगल बोला, ''मैं बीच में हूँ। मैं काजी हूँ। मैं थंगल हूँ। अपना अपमान आपको उतने ही शांत तरीके से निगलना चाहिए—जितना मैंने निगल लिया था।'' बुढ़िया बोलने लगी, ''अब मुझे अधिक कुछ नहीं कहना है। केवल एक ही वाक्य कहूँगी वह यह कि कंबू और यह छियासुद्दीन; दोनों ही मेरे पोते हैं। मेरे एक स्तन का दूध कंबू के और मेरे दूसरे स्तन का दूध छियासुद्दीन के खून में रूपांतरित हुआ है। लेकिन कंबू और छियासुद्दीन—एक हिंदू हुतात्मा और दूसरा मोपला मौलवी कैसे बना? कहते हैं खून का रंग लाल होता है, खून को खून आकर्षित करता है। लेकिन मुझे लगता है, खून का रंग ही नहीं होता; खून का रंग लगभग पानी की तरह—जो आकर उसे मिल जाएगा, उस आकार का रंग वह लेता है। यह रहा मेरा वाक्य और अब सुनो बाकी बची कथा। वह मेरी लड़की, जो पागल होकर 'मुझे उससे क्या? सिखाऊँगी इन निगोड़ों को, उन्हें उससे क्या!' कहती हुई घूमती थी और जो इस बीच गुम हो गई थी और जो आज मुझे फिर से मिली—वह मेरी लड़की—यानी यह कृत्या! यही मशालवाली बुढ़िया!!''

''तो फिर शैतानों ने भेजा होगा!'' मौलवी गरज उठा और झल्लाकर उसपर दौड़ा। थंगल बोला, ''मैं बीच में हूँ। मैं काजी हूँ। मैं थंगल हूँ। अपना अपमान आपको उतने ही शांत तरीके से निगलना चाहिए—जितना मैंने निगल लिया था।''

''हाँ! हाँ! वह मैं ही हूँ!'' भूत उतर जाने के बाद शांत रीति से

बोलनेवाले किसी मनुष्य की तरह धीमे ढंग से वह बुढ़िया कहने लगी, "वह मैं ही हूँ। मेरी माँ ने जो कहानी बताई वह सारी सच्ची है और यह भी सच है कि मैं थोड़ी सी पागल हुई थी। लेकिन मेरे पागलपन में एक समझदारी का अर्थ भरा था। वह अर्थ लोगों को दिखाने के लिए मैं मशाल जलाकर घूमती थी। मैं अपने बदन की धमनियों की सारी वायु खींच, आसमान फटनेवाली चीख मारकर पूछती हूँ कि ऐ हिंदू लोगो, आपमें से किसी भी उपजाति का एक लड़का या एक लड़की मुसलमान हुए, परधर्मियों के हाथ लगे, तो आप सबका उससे क्या बिगड़ता है, यह मेरे और मेरे भाई के लड़के के उदाहरण से क्या आपके ध्यान में आया है ? यदि मेरे बचपन में मालापुत्तर में और मेरे भाई की रक्षा उन हिंदुओं ने की होती—जो वह कितनी आसानी से कर सकते थे—तो मैं आज उस कंबू की तरह श्रीरंग की रक्षा के लिए जूझती। यह मौलवी, कंबू की तरह हिंदू धर्म तथा हिंदू कुमारियों की पवित्रता के परित्राण के लिए हुतात्मा हो जाता। परंतु मुझ जैसी डोम की एक कुमारी को तुच्छ मानकर तुमने लज्जाभ्रष्ट होने दिया, मैं जब मुसलमानों के हाथ पड़ रही थी तब मुझे एक रात के लिए भी वहाँ सोने नहीं दिया जहाँ कुत्ते सोते थे और इस तरह मेरी रक्षा नहीं की; 'एक मामूली डोम की लौंडी भ्रष्ट हुई तो उससे हमें क्या ?' कहकर मेरा अपमान किया, उसका यह फल भुगत लिया ? मुझ अकेली की मशाल से सैकड़ों हिंदुओं के घर जल गए। मैं जिस तरह चीख रही थी—उसी तरह बलात्कार होते समय बुरी हालत में जब हिंदू कन्याएँ चीख रही थीं, तब मैंने प्रसन्न चित्त से वह दसों बार सुन लिया, मैं देवताओं की मूर्तियों पर गिन-गिनके सौ बार नाची; मैंने सैकड़ों हिंदुओं को मरने तक मार-मारकर पूछा कि 'समझ गए न, उससे तुम्हारा क्या है ? नाचीज डोम

वह मैं ही हूँ। मेरी माँ ने जो कहानी बताई वह सारी सच्ची है और यह भी सच है कि मैं थोड़ी सी पागल हुई थी। लेकिन मेरे पागलपन में एक समझदारी का अर्थ भरा था। वह अर्थ लोगों को दिखाने के लिए मैं मशाल जलाकर घूमती थी।

की लड़की, यदि हिंदू धर्म से मुसलमान धर्मांधता के कारण भगा ली गई तो भी हर एक हिंदू का उसमें क्या बिगड़ता है, यह तुम अब तो समझ गए? तो धर्म तेरे पास और मेरे से गया तो तेरे प्राण भी निकले बिना नहीं रहेंगे, यह सत्य अभी तो तुझे स्पष्टता से दिखाई दिया? नहीं तो देख, इन तीन सौ हिंदू घरों की जलती आग की रोशनी में! एक तुच्छ डोम की लड़की और एक लड़का हिंदुत्व से वंचित हुए यदि इतना हाहाकार मचा सकते हैं, तो ऐ हिंदू जाति, मैं चीख-चीखकर, चिल्लाकर तुझसे पूछती हूँ कि तेरी ऐसी हजारों लड़कियों और लड़के तेरे घर से भगाकर या नोंचकर लिये जाते हैं तो क्या तू अब भी ऐसी ही कहती बैठेगी कि 'मुझे उससे क्या!' मेरी माँ ने जो कहानी बताई वह केवल उसीकी नहीं, अपितु ऐ हिंदू जाति, वह तेरी कहानी का ही एक प्रतिबिंब है।''

इस तरह कर्कशता से चीखती हुई वह बीबी अम्मा, वह कृत्या चिल्लाई। फिर एक क्षण के लिए रुकी। उस क्षण सबकुछ एकदम स्तब्ध था। फिर तुरंत वह बोली, ''बैठ जा या उठ जा! मैंने अपना बदला ले लिया, मेरा पागलपन गया। मेरी मशाल भी बुझी। केवल पीछे रहा मेरा अंधकार; वह भी अब मैं बुझाती हूँ!'' ऐसा कहते हुए वह सहसा उठी; 'जिसने मुझे पागल बनाया वह अंधकार तू है! तू बुझ जा!' इस तरह अचानक चिल्लाते हुए किसी बाघिन की तरह झट से कूदकर उसने मौलवी का गला पकड़ लिया।

'हाँ! हाँ!' कहते हुए लोग होश में आकर उसे पकड़ ही रहे थे कि मौलवी की छाती में छुरी घोंपकर, फिर उसे बाहर निकालकर उस कृत्या ने उसे अपने सीने में घोंप लिया। मौलवी और वह कृत्या गतप्राण हो गए और एक ही खून के थक्के में गिर पड़े।

□

प्रकरण-8

संन्यासी से भेंट

इतने में आह्वान करते बिगुल और बैंड आदि रणवाद्य कर्णफोड़ू स्वर में बजने लगे। हजारों तुर्कों को लेकर अनवर पाशा, हजारों हथियार लेकर अरब नौकाएँ, हजारों पठान लेकर अमीर, हिंदुस्थान के मुसलमानों का साम्राज्य स्थापित करने के लिए या अली मुसेलियर के मोपला खिलाफत राज की सहायता के लिए दौड़कर आने से पहले ही गुरखों की सेना 'हर-हर महादेव' कहती हुई आ गई। थंगल ने जो देवताओं के समूह देखे थे, या मुकुट में तीन चाँद पहननेवाला देव सेनापति जिब्रिल या 'सुरतुल मुजादिल' अध्याय में मुगलों के मौलवी का दिया हुआ यह आश्वासन कि काफिरों पर मुसलमान ही विजय प्राप्त करेंगे—इनमें से कोई भी उन गुरखों की तलवार को रोक नहीं सका—फिर उन बेचारे मोपलों का क्या कहना! थंगल के स्वर्ग की शराब और स्त्रियाँ, जो मरने पर प्राप्त होनेवाली थीं—उनके लालच में, ईश्वर के अदृश्य दूत सहायता कर रहे हैं, इस पवित्र भ्रम में दस-बारह मोपला लड़ते-लड़ते मर गए। परंतु सैकड़ों मोपले मृत्यु से पहले ही जितनी मिल सके उतनी शराब तथा उतनी ही स्त्रियों का लोभ मन में रखते हुए, गुरखों के सामने से जान बचाकर भाग निकले। शाम होने से पहले कुट्टम में कोई मोपला दिखाई नहीं दे रहा था। कुछ मारे गए, कुछ छिप गए, कुछ भाग गए। 'हर-हर महादेव' की तलवार से खिलाफत की चटनी बन गई।

रात हुई। अँधेरा छा गया। थंगल और मौलवी ने जिस कुएँ में सैकड़ों हिंदुओं को घसीटकर फेंका था, वह कुआँ उस अँधेरे के खुले मुँह की तरह

'आ' करते हुए आसमान की तरफ देख रहा था। अँधेरा बढ़ता गया। मध्यरात्रि हो गई। कोई-कोई लोग मुँह खोलकर सो जाते हैं, उसी तरह वह कुआँ जबड़ा खोलकर मानो गहरी नींद में खर्राटे भरने लगा। उसके पेट में भयानक पाचनक्रिया चल रही थी। उस कुएँ में अर्धजीवित या आसन्नमृत्यु हिंदुओं की कराहें और चीखें बीच-बीच में सुनाई देती थीं, जैसे अँधेरे के पेट की गुर्राहट।

वह कुआँ फेंके हुए शवों से, कबंधों से, कबंधरहित सिरों से, टूटे हुए हाथों के टुकड़ों से, मांस के गोलों से ऊपर तक भरा हुआ था। कुछ पेड़ उस पुराने कुएँ की दीवारों से ही फूटे हुए थे और उनमें से भी बहुत से ऊपर से फेंके जानेवाले हिंदुओं के खून, मांस, नसों, शरीरों के ढेरों के बोझ के नीचे दबकर टूट गए थे। जो दबे नहीं थे उनमें से किसीकी कोई टहनी तिरछी होकर हिल रही थी। कोई घायल हिंदू कुएँ में जब ढकेल दिया गया था, तब उसके आधार पर वह आधी ही गहराई में गया था। उसके नीचे ही कोई एक आसन्नमृत्यु हिंदू पागल सा बड़बड़ा रहा था। उसे लगा कि श्रीरंग के मंदिर का कोई पत्थर उसकी छाती पर गिरा है। वह कराह रहा था, 'अरे यह पत्थर उठाओ, मेरी छाती दब गई। यह पत्थर उठाओ!' थोड़ी ही देर में उस पत्थर के बोझ के नीचे उसकी कल्पना दम तोड़ गई। 'भैया! तुम कहाँ हो! हाथ दो! मुझे डर लग रहा है,' ऐसी कोमल आवाज आ रही थी। उस अटके हुए अर्धमूर्च्छित घायल को यह भी लगा कि वह किसी बहन का स्वर होगा। मरते समय अपने भाई की चिंता से वह कराहती होगी। अथवा वह हिंदू धर्म छोड़ नहीं रही थी, इसलिए मोपलों ने जब मार-काट शुरू की तब उसका भाई भी मारा गया होगा; और उस

वह कुआँ फेंके हुए शवों से, कबंधों से, कबंधरहित सिरों से, टूटे हुए हाथों के टुकड़ों से, मांस के गोलों से ऊपर तक भरा हुआ था। कुछ पेड़ उस पुराने कुएँ की दीवारों से ही फूटे हुए थे और उनमें से भी बहुत से ऊपर से फेंके जानेवाले हिंदुओं के खून, मांस, नसों, शरीरों के ढेरों के बोझ के नीचे दबकर टूट गए थे।

कुएँ में अंत में जब सभी को निर्दयता के साथ गिरा दिया गया होगा तब वह बहन सचमुच ही उस भाई का हाथ माँग रही होगी। अर्धमूर्च्छा में टँगे उस घायल युवक के ऊपर ही उस कुएँ की दीवार में और एक झुरमुट था। उसपर जाँघ से काटकर फेंका हुआ एक पैर लटक रहा था। उसमें से खून की बूँदें नीचे गिर रही थीं। इस बेहोश घायल में मुँह हिलाने की भी शक्ति नहीं थी, इसी कारण नीचे गिरते खून की बूँदें लगातार उसके मुँह पर टपक रही थीं। कभी-कभी तो साँस घुटते समय अपने आप उसका मुँह खुल जाता था और उस जम गए खून के घूँट उसके गले में उतर जाते थे। पहले तो अर्धमूर्च्छा में होने के कारण उसे इन वेदनाओं का कुछ खास अहसास नहीं था, परंतु उन आहतों तथा शवों के ढेरों से प्राण जाते समय किसीने अचानक इतने जोर से पैर झटक दिए कि उसके शरीर पर पड़े मांस, शव, नसें आदि को भेद कर उसकी लातें ताड़ताड़ उस घायल युवक की नाक पर लगीं और वह अचानक होश में आ गया। वह भयानक होश! मृत्यु की बेहोशी से अधिक भयानक! अँधेरे में, मध्यरात्रि के समय उस पुराने कुएँ के पेट में आधी गहराई पर शव, मांस, नसें, खून, कराहें, चीखें, भीषण स्मृति, भीषण विस्मृति—इनसे लिप्त वह युवक होश में आया और अपने शरीर पर लगे घावों से असह्य वेदनाएँ उठने के कारण जोर से चिल्लाया। उसके चिल्लाने से और भी कोई अर्धमृत चीखने-छटपटाने लगा।

अर्धमूर्च्छा में टँगे उस घायल युवक के ऊपर ही उस कुएँ की दीवार में और एक झुरमुट था। उसपर जाँघ से काटकर फेंका हुआ एक पैर लटक रहा था। उसमें से खून की बूँदें नीचे गिर रही थीं। इस बेहोश घायल में मुँह हिलाने की भी शक्ति नहीं थी, इसी कारण नीचे गिरते खून की बूँदें लगातार उसके मुँह पर टपक रही थीं।

मालाबार में उस रात इस कुएँ जैसा एक ही कुआँ इस तरह मुँह फैलाकर नहीं कराह रहा था, मालाबार की मध्यरात्रि में यही एक कुँआ अपना भयानक मुँह खोलकर सोया हुआ नहीं था; अपितु ऐसे रौद्र कुओं के और

दस बीभत्स और भयानक मुँह किसी कुंभकरण की तरह खर्राटे भर रहे थे।

उसी समय, उसी रात कानपुर के पास किसी आलीशान बँगले में 'प्रेमवर्धक महामंडल' की सभा हो रही थी। खुदाबख्श, कड़क खान आदि मशहूर मुसलमान नेता और भोलचंद, गयालसेठ, पीटगय्या आदि हिंदू नेता उस महासभा के महत्त्वपूर्ण कार्य के लिए आयोजित विशिष्ट अधिवेशन के लिए आए थे। कड़क खान ने उठकर कहा, 'हमारे प्रेमवर्धक महामंडल के अन्यतम श्रम से हिंदू-मुसलमानों में उत्पन्न की गई एकता जिन शत्रुओं से देखी नहीं जाती, उन्होंने मालाबार के हिंदू-मुसलमानों में दंगे होने के झूठे समाचार छापने का जो सिलसिला चला रखा है, यह सभा उसका विरोध करती है। सभा ने स्वयं इस कांड की जाँच करने के लिए खुदाबख्श को मालाबार भेजा था। उन्होंने साक्षात् पूरी परिस्थिति देखकर जो प्रतिवेदन (रिपोर्ट) दिया था, उसके आधार पर यह सभा सारे हिंदुस्थान की ओर से ऐसा प्रस्ताव पारित करती है कि मालाबार में हिंदू-मुसलमानों की एकता को बिगाड़नेवाली कोई भी घटना नहीं हुई।'

उसी समय, उसी रात कानपुर के पास किसी आलीशान बँगले में 'प्रेमवर्धक महामंडल' की सभा हो रही थी। खुदाबख्श, कड़क खान आदि मशहूर मुसलमान नेता और भोलचंद, गयालसेठ, पीटगय्या आदि हिंदू नेता उस महासभा के महत्त्वपूर्ण कार्य के लिए आयोजित विशिष्ट अधिवेशन के लिए आए थे।

गयालसेठ ने कहा, "सभी हिंदुओं की ओर से मैं इस प्रस्ताव का अनुमोदन करता हूँ। मालाबार के हिंदू और मुसलमान सुख-शांति से रह रहे हैं। मालाबार में कुछ भी नहीं हुआ।"

"कुछ भी नहीं हुआ!" सभी हिंदू गरज उठे।

"नहीं, नहीं! कुछ भी नहीं हुआ, यह कैसे कह सकते हैं?"

"या अल्लाह! अब भी हमारे हिंदू बंधुओं को मुसलमानों के बारे में जितनी सहानुभूति होनी चाहिए उतनी नहीं है। मालाबार में हमारे वीर मोपले

जो वीरोचित युद्ध कर रहे हैं, क्या वह कुछ भी नहीं?'' कड़क खान ने कहा।

तब अध्यक्ष भोलचंद उठकर बोले, ''क्षमा कीजिए! कड़क खान, आपके उन वीर बंधुओं का—उन मोपला वीरों का—तथा उनके धैर्य का यह सभा अभिनंदन करती है। मोपला हम हिंदुओं के भाई हैं।''

''हिंदू-मुसलमान भाई हैं!'' सारी सभा गरज उठी।

''हिंदू मुसलमान ही हैं।'' मूढ़ाप्पा, बावले शास्त्री उल्लास के साथ गरजने लगे।

''और हिंदू यदि मुसलमान नहीं होंगे तो भी मोपले उन्हें मुसलमान बना ही देंगे, जीते-जी बनाएँगे, जान से मारकर बनाएँगे, जान से मारने के बाद बनाएँगे।'' रूखी आवाज में एक मनुष्य बोला। तब बावले, गबाले, भोलचंद आदि हिंदू नेता चीखकर एक ही शोर मचाते हुए बोले, ''झूठ बोल रहा है! नीचे बैठ! तू कौन है? क्या सबूत है! क्या तू देशभक्त है?''

''और हिंदू यदि मुसलमान नहीं होंगे तो भी मोपले उन्हें मुसलमान बना ही देंगे, जीते-जी बनाएँगे, जान से मारकर बनाएँगे, जान से मारने के बाद बनाएँगे।'' रूखी आवाज में एक मनुष्य बोला। तब बावले, गबाले, भोलचंद आदि हिंदू नेता चीखकर एक ही शोर मचाते हुए बोले, ''झूठ बोल रहा है! नीचे बैठ! तू कौन है? क्या सबूत है! क्या तू देशभक्त है?''

''यह देशशत्रु है। यह हिंदू-मुसलमानों की एकता को बिगाड़ता है।'' सारी सभा गरज उठी। परंतु उससे न डरते हुए वह व्यक्ति कहने लगा, ''शांत हो जाइए, मैं जो कह रहा हूँ वह बिल्कुल सत्य है। मैं एक हिंदू था। मेरी गवाही प्रत्यक्ष! स्वयं मुझपर मोपलों ने भयानक जुल्म कर जबरदस्ती मेरी सुन्नत की। ऐसे ही जुल्म बाकियों पर किए हैं।''

''लेकिन अब तू मुसलमान है न? फिर कैसे मुसलमानों के खिलाफ बोलता है?'' मौलवी करीमुद्दीन ने पूछा।

''मैं हिंदू था! मोपलों ने जबरदस्ती मुझे मुसलमान बनाया। परंतु आर्य

समाज ने मुझे मेरी इच्छा के अनुरूप संस्कारों से शुद्ध कर लिया। अब मैं हिंदू का हिंदू हूँ।''

''या अल्लाह! तो फिर यह काफिर मरने योग्य है।'' क्रोधित हो भयानक गर्जना करते हुए कड़क खान बोला, ''मुसलमानों की शरीयत के अनुसार जो मनुष्य मुसलमान कहलाने के बाद फिर हिंदू बन जाता है, वह मृत्युदंड का पात्र होता है। यह काफिर है। इसे जान से मार डालना चाहिए।'' कहते हुए कड़क खान उस आदमी पर टूट पड़ा।

तब अध्यक्ष भोलचंद ने बीच में कहा, ''खान साहब! खान साहब, क्षमा कीजिए। अपराध इस आदमी का है। यह उस झगड़ालू आर्य समाज का अनुयायी है। इसीसे सिद्ध है कि इसका कहना और समाचार विश्वास योग्य नहीं है।''

''या अल्लाह! तो फिर यह काफिर मरने योग्य है।'' क्रोधित हो भयानक गर्जना करते हुए कड़क खान बोला, ''मुसलमानों की शरीयत के अनुसार जो मनुष्य मुसलमान कहलाने के बाद फिर हिंदू बन जाता है, वह मृत्युदंड का पात्र होता है। यह काफिर है। इसे जान से मार डालना चाहिए।''

''आर्य समाज बड़ी झगड़ालू संस्था है। यह आर्यसमाजी है, इसलिए इसकी गवाही सोच-विचार में ली नहीं जा सकती।'' एक मुख से सभी गरज उठे।

''परंतु मालाबार में हिंदुओं पर भयानक अत्याचार चल रहे हैं और उनका कत्ल हो रहा है, यह मैं आर्यसमाजी नहीं कहता बल्कि श्रीमान देवधरजी भी यही कह रहे हैं। यह देखिए उनका पत्र!''

''श्रीमान देवधरजी संयत पक्ष के हैं।'' सभा गरज उठी।

''श्रीमान देवधरजी संयत पक्ष के हैं, इसलिए हम असहकारी देशभक्तों को उनका कहना अग्राह्य लगता है।'' भोलचंदजी ने निर्णय दिया।

''फिर भी मालाबार में मोपलों द्वारा हिंदुओं पर किए अत्याचारों की कहानी तुम्हें सत्य ही लगनी चाहिए! क्योंकि केवल देवधरजी ही नहीं, डॉ.

मुंजे भी उसकी सत्यता की गवाही देने के लिए तैयार हैं।''

''डॉ. मुंजे जहाल हैं। उनकी गवाही अग्राह्य है!'' सभा गरज उठी।

''डॉ. मुंजे जहाल हैं। इसलिए हम अनत्याचारी देशभक्तों के सामने उनकी गवाही नहीं हो सकती।'' अध्यक्ष भोलचंद ने निर्णय दिया।

''परंतु जिन हिंदुओं पर ये भयानक संकट टूट पड़े, उन्होंने अपने हस्ताक्षरों से सारी कहानी लिखकर मेरे मित्र को दी है, ऐसा तार अभी मुझे मिला है। कुट्टम में कल-परसों ही भयानक दंगा हुआ और मुसलमानों ने हिंदुओं का कत्ल जारी रखा है। इस बारे में अभी आया हुआ दूसरा तार तो थोड़ा पढ़कर देखिए।''

''परंतु जिन हिंदुओं पर ये भयानक संकट टूट पड़े, उन्होंने अपने हस्ताक्षरों से सारी कहानी लिखकर मेरे मित्र को दी है, ऐसा तार अभी मुझे मिला है। कुट्टम में कल-परसों ही भयानक दंगा हुआ और मुसलमानों ने हिंदुओं का कत्ल जारी रखा है। इस बारे में अभी आया हुआ दूसरा तार तो थोड़ा पढ़कर देखिए।''

''अरे तार क्या? काल्पनिक दंगों के ऐसे तार मेरे पास रोज सैकड़ों आ रहे हैं, परंतु मालाबार के हिंदुओं के ये तार देखो, ये सब मैं अपनी कुरसी पर रचाकर उसकी एक मुलायम गद्दी बना उसपर बैठा हूँ। उसपर भी तार सच्चा कैसे हो सकता है।'' भोलचंद शांत रीति से परंतु निराधार बोले, ''तारों पर मैं विश्वास नहीं करता।''

''अभी-अभी मुझे कोचीन के खिलाफत मंडल के अध्यक्ष का तार आया है।'' खुदाबख्श समझौते के स्वर में बोले, ''इस तार से सभी प्रश्नों का फैसला हो जाता है। खिलाफत सेक्रेटरी, कोचीन से लिखते हैं कि 'मालाबार में मुसलमानों द्वारा हिंदुओं के साथ बलात्कार करने और हिंदुओं को जबरदस्ती मुसलमान धर्म की दीक्षा देने के जो समाचार प्रकाशित हो रहे हैं, वे निराधार हैं। प्रत्यक्ष पूछताछ करने पर पता चला कि एक या ज्यादा-से-ज्यादा डेढ़ हिंदुओं को कहीं जबरन मुसलमान बना दिए जाने की चर्चा हुई थी।''

"बस, बस! इस तार से सारे प्रश्न समाप्त हो गए। मालाबारी हिंदुओं को जबरदस्ती भ्रष्ट किया जाता है आदि सारे समाचार झूठे हैं। हो सकता है एकाध हिंदू इस तरीके से भ्रष्ट हुआ होगा। प्रत्यक्ष खुदाबख्श को जो तार आया है वही यह बताता है, अब आशंका ही नहीं।" भोलचंद निर्णायक स्वर में बोले।

"अब आशंका ही नहीं। मालाबार में कुछ भी हुआ नहीं। मालाबार में हिंदू-मुसलमान प्रेम से रह रहे हैं।" सभा गरज उठी।

तब खुदाबख्श मूल प्रस्ताव में मोपलों की वीरता का अभिनंदन करने की उपसूचना लाए। उपसूचना लाते समय मोपले कितने दयालु, सहनशील तथा दीन लोग हैं और हिंदू बंधुओं पर उनका अत्याचार करना स्वभावत: कैसे असंभव है, इसका रसपूर्ण वर्णन जिस समय वे कर रहे थे, उस समय वहाँ—

"बस, बस! इस तार से सारे प्रश्न समाप्त हो गए। मालाबारी हिंदुओं को जबरदस्ती भ्रष्ट किया जाता है आदि सारे समाचार झूठे हैं। हो सकता है एकाध हिंदू इस तरीके से भ्रष्ट हुआ होगा। प्रत्यक्ष खुदाबख्श को जो तार आया है वही यह बताता है, अब आशंका ही नहीं।"

उस भयानक अँधेरे में अपना भीषण मुँह फैलाकर सोए कुएँ के पेट में हड्डियाँ, खून, मांस, शव, कटे हुए अवयव, कटे हुए सिर, तने हुए पैर आदि सारे अन्न का पाचन किया जा रहा था और उस अन्न के कटे-पिसे हुए लुगदे में किसी रत्न की तरह वह घायल हिंदू युवक, लटका हुआ फँसा हुआ था। उसके नीचे पड़े मरनेवाले की लातों की चोट से अचानक जब उसकी अंतिम स्मृति पहली स्मृति की तरह उसके मस्तिष्क में उभरी तब उसे लगा कि मोपले उसे मारते-मारते पूछ रहे हैं, 'हिंदू-धर्म छोड़ेगा कि नहीं? मुसलमान बनेगा कि मरेगा?' उस आभास से वह सहसा चिल्लाया, 'नहीं बनूँगा, जाओ; नहीं छोड़ूँगा, जाओ! हिंदू, मैं हिंदू! मारो जितना मारना है।' परंतु थोड़ी ही देर में उसकी समझ में आने लगा कि वह कहाँ है; उसीके साथ उसका निश्चेतन धैर्य फिर से उदित होने

लगा। उसके ऊपर धड़ से काटा हुआ जिस किसी हिंदू का पैर लटक रहा था और जिसके खून की धारा उसके मुँह पर बह रही थी, उसे खींचकर उसने नीचे फेंक दिया, परंतु उसे खींचते समय 'मैं किसी हिंदू हुतात्मा के शरीर को अपमानित तो नहीं कर रहा!' यह संकोच उसे चुभ रहा था। उस संकोच को वैसे ही दबाकर उसने ऊपर की टहनी को पकड़कर कुएँ के बाहर आने का यत्न किया। परंतु वह टहनी टूट गई। वह धड़ाम से नीचे गिरा। कुएँ की दूसरी ओर इकट्ठा शवों का ढेर उसे पूरा-का-पूरा दबा देता, परंतु वह थोड़ा अलग गिरा और उसकी कमर के ऊपर का हिस्सा साफ बच गया। वहाँ से निकलने के लिए वह पैर जमाकर उस ढेर पर ही खड़े रहने के लिए उठने का यत्न करने लगा। तब उसके पैरों के नीचे मोपलों के सोटे से कुचला हुआ एक पेट आया जो फट गया था और उसका मांस, नसें, आँतें, अन्न, मल, बाहर आने से उसके लुगदे में उसका पैर ऐसे फँस गया जैसे किसी आधे सूखे कीचड़ में फँस जाए। सहसा उसे भारी भय लगने लगा। किसी तरह उसने उस भय को टाला और अपना पैर खींच लिया। उस ढेर से कोई सिर कटा हुआ कबंध निकालकर दीवार से अच्छी तरह टेककर रखा, उसकी कमर पर एक पैर टिकाकर उछला और फिर से उस टहनी को पकड़ लिया। मन में कोई पुकार रहा था कि वह सिरकटा हिंदू हुतात्मा कौन होगा? उसकी योग्यता—हिंदू ही रहूँगा कहते हुए मरनेवाले प्रत्येक हिंदू की योग्यता तेरे जितनी महान् है? फिर उस सिरकटे हिंदू हुतात्मा की कमर पर तथा कंधे पर पैर रखकर तू सिरवाला मनुष्य बचने का जो प्रयास कर रहा है, उससे तुझे शर्म नहीं आती?

उस संकोच को वैसे ही दबाकर उसने ऊपर की टहनी को पकड़कर कुएँ के बाहर आने का यत्न किया। परंतु वह टहनी टूट गई। वह धड़ाम से नीचे गिरा। कुएँ की दूसरी ओर इकट्ठा शवों का ढेर उसे पूरा-का-पूरा दबा देता, परंतु वह थोड़ा अलग गिरा और उसकी कमर के ऊपर का हिस्सा साफ बच गया।

परंतु सिरकटे हुतात्माओं के कंधों पर चढ़कर ही सिरवाला राष्ट्र

गहन गर्त से ऊपर आता है! सिरवालों को गहन गर्त से, मृत्यु के अंधकार से, पुनरुज्जीवन के उदयाचल पर चढ़ाने के लिए ही हौतात्म्य अपनी लाशों के ढेर लगाती हैं।

इसलिए लज्जित न होना, ऐ हुतात्मा हिंदू युवक! लज्जित न होना। उस ढेर से उस टहनी को अपने हाथ से पकड़ और उस कुएँ के किनारों को पकड़कर एक उछाल के साथ बाहर आ जा। उस मृत्यु के पेट के समान भयानक कुएँ में भी तू विनष्ट नहीं हुआ। सौगंध देकर मृत्यु ने तुझे रोक दिया। केवल हिंदू होने के कारण पैरों तले गाड़े गए वीरों के मांस, खून, नसें, कराहें, केश, मज्जा तथा जीव—इन सबके लुगदे के ढेर पर चढ़कर वह हिंदू युवक पुनः मृत्यु के पेट से बाहर आने का प्रयास करने लगा।

उधर उस सभा में खुदाबख्श मोपलों के दीन तथा सुशील स्वभाव का वर्णन करते हुए कह रहा था, ''ऐसे लोग हिंदुओं पर घोर अत्याचार और बलात्कार करेंगे, यह बात हिंदू बंधुओं को संभव ही कैसे लगी? हिंदू बंधुओं को ध्यान रखना चाहिए कि मोपले मुसलमान हैं। बस, इस एक ही शब्द से इन सभी आक्षेपों का निराकरण हो जाता है। मुसलमान धर्मबल से दूसरों के धर्म को हानि पहुँचाने के बिल्कुल विरुद्ध हैं।''

ऐसे लोग हिंदुओं पर घोर अत्याचार और बलात्कार करेंगे, यह बात हिंदू बंधुओं को संभव ही कैसे लगी? हिंदू बंधुओं को ध्यान रखना चाहिए कि मोपले मुसलमान हैं। बस, इस एक ही शब्द से इन सभी आक्षेपों का निराकरण हो जाता है। मुसलमान धर्मबल से दूसरों के धर्म को हानि पहुँचाने के बिल्कुल विरुद्ध हैं।

''बिल्कुल विरुद्ध हैं।'' लबाड़ खान ने कहा, ''कुरान के पन्ने-पन्ने पर यह बात स्पष्ट कही गई हैं।''

''उदाहरण के तौर पर आप इस मत की पुष्टि में कम-से-कम दो पन्ने तो बता सकते हैं? और इन वचनों के विरुद्ध वचन कितने हैं और मुसलमानों का इतिहास इन दो वचनों में से कौन सा वचन मानता आया है, यह बता

सकते हैं?'' बीच में ही आर्यसमाजी बोला। उसे सुनते ही कड़क खान एकदम खौलकर, मुट्ठी कसके दौड़ा और चिल्लाया, ''इस आर्यसमाजी को सभा से भगा दो, नहीं तो मैं इसे जान से मार दूँगा! जिस किसी को मुसलमान बना दिया गया—फिर वह जबरदस्ती क्यों न हो—वह अगर फिर से मुसलमान धर्म छोड़ दे—चाहे वह कर्म वह स्वेच्छा से क्यों न करे—तो उसे जान से मार डालना मुसलमान धर्म की आज्ञा है।''

''धर्म के बारे में किसीपर भी जबरदस्ती नहीं करनी चाहिए, यह आज्ञा कुरान के पन्ने-पन्ने पर यदि दी गई है, तो खुदाबख्शजी, धर्मांतरण स्वेच्छा से करनेवाले को जान से मारा जाए, ऐसी आज्ञा लिखने के लिए कौन सा पन्ना, कौन सा मुखपृष्ठ है?''

''ऐ हरामी! ऐ काफिर!'' कहते हुए मुसलमान सदस्यों ने उस हिंदू के सिर पर डंडे मारे। अध्यक्ष भोलचंद डर गए। सभा खंडित हो जाएगी, इस भय से उन्होंने उस आर्यसमाजी को धक्के मारकर सभा से बाहर निकाल देने के लिए कहा। तब बाहर निकाले जाते समय वह आर्यसमाजी पीछे मुड़कर बोला, ''ऐ हिंदुओ! कम-से-काम आप तो मुझे धक्के मत मारिए। आप अनत्याचारवादी हो न?''

इस आर्यसमाजी को सभा से भगा दो, नहीं तो मैं इसे जान से मार दूँगा! जिस किसी को मुसलमान बना दिया गया—फिर वह जबरदस्ती क्यों न हो—वह अगर फिर से मुसलमान धर्म छोड़ दे—चाहे वह कर्म वह स्वेच्छा से क्यों न करे—तो उसे जान से मार डालना मुसलमान धर्म की आज्ञा है।

''चुप बैठ! गधा कहीं का!'' श्रीयुत् झकमार घोष क्रोध से बोले, ''हमारा अनत्याचरित्व केवल परायों के लिए है। इस अनत्याचारवाद का अर्थ यह तो नहीं था कि हम अपनों के विरुद्ध भी बल-प्रयोग नहीं करेंगे! गधा कहीं का!''

उस आर्यसमाजी को बाहर भगाते ही सभा में शांति स्थापित हो गई। स्वयं भोलचंदजी ने एकमत से प्रस्ताव पारित कर लिया कि मुसलमान धर्म का

प्रसार कभी भी जबरदस्ती नहीं हुआ। उसमें भी मालाबार में तो बिल्कुल ही नहीं। मोपले वीर हैं, और हम हिंदुओं के सगे भाई हैं। उन्होंने हिंदू लोगों पर किसी भी तरह से धार्मिक जुल्म नहीं किया। उलटे मोपलों ने अनेक हिंदुओं को आश्रय देकर सारी हिंदू जनता को उपकृत किया है। जिन लोगों ने हिंदुओं पर धार्मिक बलात्कार होने के समाचार फैलाए वे सारे देशशत्रु हैं। एक या ज्यादा-से-ज्यादा डेढ़ हिंदू कहीं जबरदस्ती मुसलमान बना दिया गया, ऐसी अफवाह है। बस इतना ही। इससे ज्यादा मालाबार में कुछ भी चिंताजनक नहीं हुआ है।''

''कुछ भी नहीं हुआ! मालाबार में हिंदू-मुसलमानों की एकता अभेद्य है। मालाबार में कुछ चिंताजनक नहीं हुआ है।'' बावले, झकमार घोष, मूढ़प्पा आदि सारे हिंदू एक साथ गरज पड़े। बिजली की बत्तियों से प्रकाशित, इत्रों से सुंगधित तथा आरामकुरसियों और कोचों से सुशोभित और सुखकारक उस विशाल बँगले में वे हिंदू लोग जब 'मालाबार में कुछ चिंताजनक नहीं हुआ' ऐसी गर्जना कर रहे थे तब उधर—

उस आर्यसमाजी को बाहर भगाते ही सभा में शांति स्थापित हो गई। स्वयं भोलचंदजी ने एकमत से प्रस्ताव पारित कर लिया कि मुसलमान धर्म का प्रसार कभी भी जबरदस्ती नहीं हुआ। उसमें भी मालाबार में तो बिल्कुल ही नहीं। मोपले वीर हैं, और हम हिंदुओं के सगे भाई हैं। उन्होंने हिंदू लोगों पर किसी भी तरह से धार्मिक जुल्म नहीं किया।

उस कुएँ के किनारे पर वह हिंदू युवक चढ़कर आया। उसका शरीर नख-शिखांत किसीके खून में तो किसी के मज्जा में सना हुआ था। मुसलमानों द्वारा आखिरी आघात से और उसके पहले किए वारों से उसके कंधे और जाँघों पर बड़े घाव हुए थे और उनमें से खून टपक रहा था। वेदना असह्य हो रही थी, परंतु कुएँ के किनारे आते ही खुली हवा में साँस लेने से उस युवक को थोड़ा जीवन का अनुभव हुआ। परंतु जो घोर अँधेरा था, वह घोर अँधेरा ही था! वह घोर कुआँ! वह घोर स्मृति! वह

घोर विस्मृति! वह चौंक गया। उसे लगा, पास ही पेड़ के पास कोई खड़ा है। चूड़ियों की खनक स्पष्ट सुनाई दी। वह डर गया। कोई मोपला स्त्री कहीं पहरा देने के लिए तो नहीं रखी गई? वह छिपकर देखने लगा।

इतने में श्रीरंग मंदिर के पास 'हर-हर महादेव' का भारी उद्घोष हो रहा था शायद! हर-हर महादेव का ऐसा उद्घोष करने का साहस करनेवाले हिंदू क्या अभी जीवित हैं? उस युवक के बदन पर प्रेम तथा आनंद के रोएँ उठ खड़े हुए। वह सहसा विभोर होकर उस प्रिय और पूज्य ध्वनि के श्रवण में तन्मय हो गया और अनजाने में ही चिल्ला उठा, "हर-हर महादेव।"

इतने में श्रीरंग मंदिर के पास 'हर-हर महादेव' का भारी उद्घोष हो रहा था शायद! हर-हर महादेव का ऐसा उद्घोष करने का साहस करनेवाले हिंदू क्या अभी जीवित हैं? उस युवक के बदन पर प्रेम तथा आनंद के रोएँ उठ खड़े हुए। वह सहसा विभोर होकर उस प्रिय और पूज्य ध्वनि के श्रवण में तन्मय हो गया और अनजाने में ही चिल्ला उठा, "हर-हर महादेव।"

गुरखा लोगों की सेना एक ही रात में कुट्टम से निकल भागे हुए मोपलों का पीछा करते हुए उनकी हिम्मत हराते-हराते आगे बढ़ने के लिए निकली थी; उन्हीं की वह ध्वनि थी।

उस युवक के मुख से अनजाने में वह ध्वनि निकलते ही पेड़ के पास खड़ी वह आकृति विचलित हुई। उसने अपने पल्लू से ढकी हुई लालटेन बाहर निकाली, उसकी रोशनी में जयध्वनि करनेवाले उस मनुष्य को देखा और अचानक, 'दामू! हे वीरवर!' पुकारती हुई वह उसके पास दौड़ी। आश्चर्य, आनंद, आभार तथा अभिमान की भावना से भरकर उसका शरीर तथा स्वर थरथर काँप रहा था। उसकी कंदील उसके हाथ से गिर पड़ी। उस कंदील के साथ ही इतनी देर किसी तरह रोका हुआ धैर्य भी उसके हाथों से फिसल गया और 'दामू! मुझे पहचाना? वीरवर, तूने जिसे मुक्त किया था वही मैं लक्ष्मी हूँ!' इस तरह एक ही स्वर में कहती हुई वह युवती उसके गले लग गई। दामू के शरीर को रोमांच हो आया। वह युवक एक क्षण उस लड़की से

भी अधिक घबरा उठा। परंतु लड़की ने युवक की छाती से चिपककर कहा, "मुझे अपने पास ले ले, दामू, मुझे छाती से लगा ले। इतनी देर मैं इस श्मशान में अँधेरे में खड़ी थी, परंतु मुझे डर नहीं लगा। अब मुझसे एक क्षण भी खड़ा नहीं रहा जाता। तुझे देखते ही धैर्य आना चाहिए, परंतु उलटा ही हो गया। दामू, मुझे पास ले ले, पास ले ले मुझे।" कहती हुई वह युवती उसकी बाँहों में समा गई। कुट्टम की उस भयानक रात को चिंतामणि शास्त्री की शांति कुटीर में वह जब शांत सोई थी तब मोपलों ने उसे सुमति समझकर पकड़ लिया और उस समय से कितना भयानक कष्ट—अपमान, भय, बलात्कार, जुल्म, पिटाई, भूख, आशा और निराशा उस अल्हड़ निरपराध हिंदू बच्ची को सहने पड़े। उन आघातों के नीचे जीवन की टहनी बिल्कुल टूट गई थी। गुरखों की विजय होते ही उन्होंने मोपलों द्वारा बंदीगृह में डाली हुई सभी हिंदू कुमारियों और स्त्रियों को मुक्त किया। उनमें यह भी मुक्त हुई। इतने दुःखों के आघातों से उसके जीवन की टहनी टूटने को आई, फिर भी नहीं टूटी। जीवन की टहनी से लटकती हुई वह वहाँ खड़ी थी, तभी उसे दामू मिला।

आश्चर्य, आनंद, आभार तथा अभिमान की भावना से भरकर उसका शरीर तथा स्वर थरथर काँप रहा था। उसकी कंदील उसके हाथ से गिर पड़ी। उस कंदील के साथ ही इतनी देर किसी तरह रोका हुआ धैर्य भी उसके हाथों से फिसल गया और 'दामू! मुझे पहचाना? वीरवर, तूने जिसे मुक्त किया था वही मैं लक्ष्मी हूँ!'

इतने दिनों के बाद ममत्व का मनुष्य मिला। वह पागल स्त्री जाति! संकट में किसी तरह बँधा हुआ धीरज सुख में अचानक नष्ट हो गया। संकट के आघात से जो टूटी नहीं, जीवन की उस कोमल टहनी से सुख का वह आघात सहा नहीं गया। उस युवा थिय्या वीर के शरीर से चिपककर, 'दामू, मुझे पास ले ले!' कहकर वह जो गिरी तो फिर हिली नहीं। दामू ने उस कन्या को बाँहों में कस लिया। केवल गुरखे के आने की खबर उसके मुँह से टूटी-फूटी सुनी, "डरो मत! लक्ष्मी बाई! अब हिंदुओं का दिन निकल रहा

है। डरो मत!" उसे सहलाते हुए वह बोला। सहलाना! संकटों के आघातों से दबे हुए उसके हृदय को इतने भयानक संकटों के बाद सहलानेवाला ममत्व का वह स्पर्श—वह प्रेममय सहलाना सहन नहीं हुआ। पगली है यह स्त्रियों की जाति! उसने अपना मुँह ऊपर किया, "दामू! मेरे दामू, मेरा..." वह लज्जित हुई। परंतु छूटे हुए शब्दों के वाक्य पढ़ने का प्रेम का पुरातन रिवाज है। दामू ने उसकी ठोड़ी ऊपर की, "लक्ष्मी बाई, डरो मत, मैं तुम्हारा ही हूँ।" कहते हुए उस वीर हिंदू युवक ने उस हिंदू कन्या को चूम लिया।

और उस चुंबन के साथ ही जैसे उसका जीवन भी चला गया! दुःख के भयानक आघातों से टूटनेवाली परंतु अभी तक न टूटी जीवन की टहनी सुख के उस आघात को नहीं सह सकी और लक्ष्मी उस टहनी से गिर गई। उस वीर युवक के प्रेममय तथा परम विश्वस्त हृदय पर लक्ष्मी निर्भयता से जो सोई—तो फिर कभी नहीं जागी।

और उस चुंबन के साथ ही जैसे उसका जीवन भी चला गया! दुःख के भयानक आघातों से टूटनेवाली परंतु अभी तक न टूटी जीवन की टहनी सुख के उस आघात को नहीं सह सकी और लक्ष्मी उस टहनी से गिर गई। उस वीर युवक के प्रेममय तथा परम विश्वस्त हृदय पर लक्ष्मी निर्भयता से जो सोई—तो फिर कभी नहीं जागी।

बड़े प्रेम से दिया गया प्रेम का वह पहला चुंबन—हाय-हाय! उस सुंदर कन्या का अंतिम चुंबन सिद्ध हुआ! उस चुंबन के सुख की बिजली थरथराती हुई उसके हृदय में घुस गई और उसके खून में बुझ गई।

फिर वह उसी तरह लेटी हुई थी। उस बहुत थके हुए, घायल थिय्या को जब पता चला कि गुरखों की सेना ने कुट्टम में ऐसी व्यवस्था की है कि वहाँ हिंदू निर्भयता से जी सकते हैं, तब उस सोई हुई लड़की को सोई ही समझकर उसकी नींद न टूटे, इसलिए वैसे ही पेड़ को टेककर वह बैठे-बैठे ही गहरी नींद में ऐसा डूब गया जैसे किसी अंधे कुएँ में पैर फिसलकर गुड़प हो गया हो।

सुबह हुई। शीतल हवा चलने लगी। पंछी चहचहाट करने लगे। कोई

एक मैना किलकिल करती हुई इधर-उधर थोड़ी देर घूमी और फिर ढीठता से सोए हुए उस युगल से सटकर उड़ती हुई लक्ष्मी के बिखरे बालों से एक बाल खींचकर उड़ गई। परंतु वह नहीं जागी। उस वीर युवक के गले में बाँहें डालकर वह वैसे ही पड़ी थी। उस युवक के घावों का खून उसके भी शरीर पर बह रहा था। थोड़ी देर में एक छोटा हिंदू लड़का किसी भव्य संन्यासी को लेकर उस ओर से आया। "यही है वह कुआँ! महाराज, यही है वह कुआँ!" उस लड़के ने कहा। संन्यासी स्तंभित भाव खड़ा रहा।

दामू तथा उस लड़की को वहाँ इस तरह सोए और खून से नहाए हुए देखकर वह लड़का बोला, "ओह, यही है वह दामू! थिय्या कंबू का सहायक तथा वीर शिष्य। और हाँ!—यह वही चिंतामणि शास्त्री की कन्या लक्ष्मी है! यह वही है।" और वह हिंदू लड़का गदगदाया, "अजी, इस पवित्र ब्राह्मण कन्या का नख भी हमें नहीं दीख पड़ता था! और उसकी यह दशा!" कहता हुआ वह फूट-फूटकर रोने लगा।

> ***सुबह हुई। शीतल हवा चलने लगी। पंछी चहचहाट करने लगे। कोई एक मैना किलकिल करती हुई इधर-उधर थोड़ी देर घूमी और फिर ढीठता से सोए हुए उस युगल से सटकर उड़ती हुई लक्ष्मी के बिखरे बालों से एक बाल खींचकर उड़ गई। परंतु वह नहीं जागी। उस वीर युवक के गले में बाँहें डालकर वह वैसे ही पड़ी थी।***

संन्यासी अत्यंत करुण दृष्टि से उस दृश्य को देखने लगा। इतने में उसे उस लड़की के जीवित होने की आशंका हुई और उसने उसे धीरे से हिलाया। लेकिन वह निश्चेष्ट पड़ी थी। वह युवक अचानक चौंक गया। उसे लगा, लक्ष्मी को किसी शत्रु ने हाथ लगाया। वह तमककर उठने लगा। परंतु उसने देखा कि सामने दयार्द्र तथा परम स्निग्ध मुद्रा से आशीर्वाद और निर्भयता देनेवाले हाथ उसके सिर पर रखकर कोई भव्य संन्यासी किसी वरदान देने के लिए तत्पर ईश्वर की तरह खड़े हैं!

दामू झकझोरकर खड़ा हुआ और भक्तिभाव से उस संन्यासी से दूर हटकर उसने साष्टांग प्रणिपात किया। संन्यासी ने उसके मस्तक पर फिर एक

बार प्रेम से हाथ रखने का प्रयत्न किया तो वह बोला, ''भगवान्, मैं थिय्या हूँ। आपको छुआछूत होगी!''

''पगले! अधोगति का अशौच जाएगा!'' संन्यासी ने कहा, ''तेरी वीरता का वृत्तांत मैंने लोगों से सुना है। सुना था तू कत्ल में मारा गया। इसलिए तेरे और तेरे गुरु कंबू के साथ हिंदू धर्म के सम्मान की वेदी पर जिन्होंने अपने शरीरों को आनंद से बलि चढ़ाया, उन सभी हुतात्माओं के वधक्षेत्र का दर्शन करने मैं यहाँ आया हूँ। उन हुतात्माओं से तेरे जैसे एक का प्रत्यक्ष दर्शन हुआ। जो थिय्या हिंदू धर्म के लिए अपनी आत्मा का हवन करता है, वह ब्राह्मण से भी बड़ा ब्राह्मण है। जो महार हिंदू धर्म के लिए अपना सिर कटा देता है, वह महार क्षत्रिय है। उसके स्पर्श से हिंदुत्व की छुआछूत का कलंक जाता है, छुआछूत नहीं होती! चल! पहले उस सुंदर ब्राह्मण कन्या के शव को कुएँ में रख दे। रोना नहीं। जब हजारों बूढ़े और युवक, बाल और बालिकाएँ, स्त्रियाँ और पुरुष हिंदू धर्म के कारण जुल्म के शिकार हो रहे थे, तब यदि हम एक ही व्यक्ति के लिए रो पड़ते तब वहाँ अपना अहंकार उस जातिप्रेम के पीछे छिपा होता। हमारा प्रत्येक अश्रु अब हिंदू जाति पर हुए जुल्म के लिए, उसके हित के लिए टपकना चाहिए। हमारी आँखों में अब व्यक्ति के लिए टपकाने को अश्रु बचे नहीं हैं!''

''पगले! अधोगति का अशौच जाएगा!'' संन्यासी ने कहा, ''तेरी वीरता का वृत्तांत मैंने लोगों से सुना है। सुना था तू कत्ल में मारा गया। इसलिए तेरे और तेरे गुरु कंबू के साथ हिंदू धर्म के सम्मान की वेदी पर जिन्होंने अपने शरीरों को आनंद से बलि चढ़ाया, उन सभी हुतात्माओं के वधक्षेत्र का दर्शन करने मैं यहाँ आया हूँ।

उन दोनों ने मिलकर उस निरपराध परंतु इसीलिए अत्यंत पीड़ित युवती का शव उठाकर उस कुएँ में डाल दिया। वह संन्यासी और दामू उस कुएँ के किनारे बहुत देर तक खड़े रहे। बीच-बीच में संन्यासी कुछ पूछता रहा और दामू उसे बताता रहा। हरिहर शास्त्री का, कंबू का, स्वयं दामू का वृत्तांत संन्यासी ने सुना। उस कुएँ के किनारे पर, दूर तक सैकड़ों धर्मभ्रष्ट और बलात्कारित

हिंदुओं और सिखों की जटाओं के निकालकर फेंके हुए गुच्छे, काटी हुई चमड़ी, छीली हुई चमड़ी, गिरे हुए खून के धब्बे तथा रक्त धाराएँ बिखरी पड़ी थीं। कुएँ में शवों के परत-पर-परत टूटे हुए हाथ, पैर, नाक, सिर, अंगुलियाँ, हड्डियाँ, सिरकटे शरीर और शव भरे हुए थे। संन्यासी उस दृश्य को बार-बार निरखकर बोला, ''आगरा में मुसलमानों ने प्रेम का ताजमहल बनाया। वह एक ही है। परंतु मुसलमान कारीगरों ने इस कुएँ जैसे द्वेषों के ताजमहल हिंदुस्थान में जगह-जगह बनाए हैं! हे ईश्वर! उन्हें क्षमा कर! और आगे चलकर उन्हें सुबुद्धि दे!''

''सुबुद्धि दे!'' की और एक ध्वनि उठी। संन्यासी ने मुड़कर देखा तो एक मोपला मुसलमान बूढ़ा लकड़ी टेकता हुआ उस संन्यासी के पीछे ही खड़ा था। वह मुसलमान बोला, ''महाराज, चौंक मत जाना। मैं मोपला मुसलमान हूँ।''

''सुबुद्धि दे!'' की और एक ध्वनि उठी। संन्यासी ने मुड़कर देखा तो एक मोपला मुसलमान बूढ़ा लकड़ी टेकता हुआ उस संन्यासी के पीछे ही खड़ा था। वह मुसलमान बोला, ''महाराज, चौंक मत जाना। मैं मोपला मुसलमान हूँ।''

''होगा!'' संन्यासी ने कहा, ''यदि तू बाकी मुसलमानों की ही तरह हिंदुओं की हत्या करने आया होगा तब भी मैं नहीं चौंकूँगा। इस कुएँ में देख! चौदह-चौदह वर्ष की अल्हड़ लड़कियों ने भी हिंदू धर्म रक्षा के लिए प्राण देने में आगे-पीछे नहीं देखा। फिर मैं तो संन्यासी हूँ। संन्यासी के प्राण पहले ही निकल गए होते हैं। अच्छा, यदि तू मोपला होते हुए भी हिंदुओं से द्वेष नहीं करता और उनपर हो रहे इन भयानक अत्याचारों के बारे में तुझे सचमुच ही पश्चात्ताप हो रहा है—तब भी मैं चौंकूँगा नहीं। क्योंकि, क्या मोपला, क्या मुसलमान या क्या ईसाई—किसी की भी पूरी जाति दुष्ट होती है, ऐसा हम नहीं मानते। वे भी मनुष्य ही हैं। उनमें भी साधु, सत्वशील और दयामय पुरुष तथा स्त्रियाँ होते ही हैं। किसी भी जाति के लोगों के किए हुए कृत्यों का हम जो विरोध करते हैं, वह उन कृत्यों को करनेवाले का करते हैं, उनकी जाति या धर्म का नहीं।''

उसकी आँखों में आँसू आए और वह बोला, "महाराज, हिंदू लोगों के साधु-संतों में मैं बहुत घूमा हूँ—इसलिए मुझे पता है कि जो न्याय और सत्य के दैवी विचार आपने प्रदर्शित किए, वे जितने हिंदू लोगों में जड़ पकड़े हैं, दुर्दैव से उतने हम मुसलमानों में अभी पहुँचे नहीं। कुरान जैसे ग्रंथ का उसके लाखों शिष्य भयानक अर्थ करते हैं, यह मुझे तथा मेरे पंथ के अनुयायियों को पसंद नहीं। हम मुसलमान हैं, फिर भी मुसलमान हमसे बहुत द्वेष करते हैं, क्योंकि हम कुरान के वचनों का अर्थ तत्कालीन परिस्थिति की सीमा में ही लगाते हैं। जो वचन त्रिकाल में सत्य होते हैं तथा मानव जाति के हित में होते हैं, उन्हें हम त्रिकालाबाधित मानते हैं। और इसलिए हमारा पंथ मेरे हिंदू बंधुओं पर किए गए मुसलमानी अत्याचारों का तीव्र विरोध करता है। हम प्रार्थना करते हैं कि 'हे रहीम! हे राम! मुसलमानों को सुबुद्धि दे। हिंदुओं को सुबुद्धि दे। मनुष्य जाति को सुबुद्धि दे कि ईश्वर के नाम पर मनुष्य की बलि नहीं चढ़ाएँगे! जिस कुरान ने अरब जाति को अपनी बेटियों को न मारने की बात सिखाई, वही कुरान अल्लाह के नाम पर हमारी बेटियों को मारना कैसे सिखा सकता है? यदि सिखाता होगा तो वह किताब ईश्वर की हो ही नहीं सकती।' "

"ईश्वर की पुस्तकें?" संन्यासी बोला, "जातियों पर आए भयानक संकटों में से आधे से अधिक संकट इन ईश्वरीय पुस्तकों पर मनुष्यों द्वारा की गई शैतानी टीकाओं के कारण आए हैं। यदि मनुष्य, मनुष्य जाति के लिए जो-जो उपकार हैं वही आचरण में लाएगा और जो-जो राक्षसी तथा अहितकारक दिखाई देता है"

"ईश्वर की पुस्तकें?" संन्यासी बोला, "जातियों पर आए भयानक संकटों में से आधे से अधिक संकट इन ईश्वरीय पुस्तकों पर मनुष्यों द्वारा की गई शैतानी टीकाओं के कारण आए हैं। यदि मनुष्य, मनुष्य जाति के लिए जो-जो उपकार हैं वही आचरण में लाएगा और जो-जो राक्षसी तथा अहितकारक दिखाई देता है, वह केवल किसी पुस्तक में बताया है इसलिए करते रहना चाहिए, इस बात को छोड़ देगा, तो मनुष्य का मनुष्य पर भारी उपकार

होगा! ईश्वरीय पुस्तक के नाम पर इतने अनर्थ हुए हैं कि उसकी अपेक्षा मनुष्यकृत पुस्तकें ही अधिक आदरणीय और नैतिक हैं, ऐसा स्पष्ट कहना पड़ रहा है! परंतु यह स्थिति जब आएगी तब आएगी! तब तक अत्याचार तथा बलात्कार के डंक को जो दबा देती है, वह धर्मवीरता मनुष्य मात्र के पास सदैव होगी ही! यह कुआँ देखो। छोटी-छोटी लड़कियाँ, कोमल युवक एक के बाद एक हत्यारों के सामने लाए गए। उनसे पूछा गया, 'मुसलमान बनेगा या मरेगा?' लड़कियों ने इसकी चिंता नहीं की कि उनकी माँ राह देखेगी। माताओं ने इसका दु:ख नहीं किया कि उनके दुधमुँहे बच्चे को कौन दूध पिलाएगा। कोमल युवकों ने, कल ही जिसने हँसते-हँसते मिलने के लिए बुलाया था, उस प्रिय सखी को एक भी आलिंगन नहीं दे सकेंगे, इसकी चिंता नहीं की। हजारों आशाओं से बुना हुआ जीवन दिया और मरनेवालों की पंक्ति में पैर रखा, खड़े रहे और खचाखच तलवारें पड़ने से उनके टुकड़े उड़े! यह बलिदान, यह धर्मवीरता धन्य है! अत्याचार की धार भी जिस ढाल पर भोथरी होती है, ऐसी ढाल—हुतात्मता की ऐसी ढाल, ऐ हिंदू जाति, तेरे हाथ में अभी तक है। तू डरना नहीं।

एक बाबा बंदा बहादुर मारा गया, एक संभाजी मारा गया। वे महान् थे, इसलिए उनके बलिदान को हम उनके नाम लेकर वंदन करते हैं। परंतु हुतात्मता की पवित्रता में उनसे लेशमात्र भी जो कम नहीं परंतु जिनके नाम ज्ञात होना असंभव है, ऐसे सैकड़ों आबालवृद्ध, आबालबालिका, अब्राह्मण, चांडाल, हिंदू धर्मवीरों के अप्रतिम बलिदान को हम केवल 'यह कुआँ' कहकर ही संबोधित करते हैं।

एक बाबा बंदा बहादुर मारा गया, एक संभाजी मारा गया। वे महान् थे, इसलिए उनके बलिदान को हम उनके नाम लेकर वंदन करते हैं। परंतु हुतात्मता की पवित्रता में उनसे लेशमात्र भी जो कम नहीं परंतु जिनके नाम ज्ञात होना असंभव है, ऐसे सैकड़ों आबालवृद्ध, आबालबालिका, अब्राह्मण, चांडाल, हिंदू धर्मवीरों के अप्रतिम बलिदान को हम केवल 'यह कुआँ'

कहकर ही संबोधित करते हैं। हिंदू जाति की अवनत अवस्था में भी प्रकाशमान होनेवाली उसकी दिव्य बलिदानी शक्ति का प्रतीक है यह कुआँ! इसी दिव्य बलिदान-शक्ति के बल पर यह हिंदू जाति पुनरपि समर्थ, सुंदर तथा ईश्वरप्रिय बनेगी, ऐसी जो आशा इस हृदय में स्पंदित हो रही है, उस आशा का नाम है यह कुआँ।''

संन्यासी ने भक्तिभाव से तीन बार उस कुएँ की परिक्रमा की। उसके पीछे-पीछे दामू तथा वह मुसलमान वृद्ध भी उतनी ही भक्ति से चल रहे थे। उसके उपरांत उन तीनों ने उस कुएँ को साष्टांग नमस्कार किया। बाँहें उठाकर वह संन्यासी बोला, ''दामू, मैं मर जाऊँगा तो भी तू वह सौभाग्य का दिन देखने के लिए जीवित रहेगा। तो तू उस दिन मेरा यह संदेश देना कि जब कभी हिंदू जाति फिर से पहले जैसी अपनी स्वतंत्रता, अपनी सामर्थ्य तथा अपने सौंदर्य से देवताओं को प्रिय होगी, तब इस कुएँ को वह भूले नहीं। एक बार चंद्रगुप्त ने या शिवाजी ने या गोविंदा ने अथवा भाऊ ने जिसपर विजय प्राप्त कर ली, ऐसी रणभूमि पर विजयस्तंभ खड़ा करने की विस्मृति हुई तो भी क्षण भर के लिए चल जाएगा, परंतु इस कुएँ के रक्तरंजित आँगन पर जयस्तंभ नहीं होगा तो भी कम-से-कम यशस्तंभ खड़ा करने को भूलना नहीं चाहिए। जयस्तंभ की अपेक्षा उसके यशस्तंभ की दृढ़ता पर ही जाति के जीवन का आधार निर्भर होता है।''

दामू, मैं मर जाऊँगा तो भी तू वह सौभाग्य का दिन देखने के लिए जीवित रहेगा। तो तू उस दिन मेरा यह संदेश देना कि जब कभी हिंदू जाति फिर से पहले जैसी अपनी स्वतंत्रता, अपनी सामर्थ्य तथा अपने सौंदर्य से देवताओं को प्रिय होगी, तब इस कुएँ को वह भूले नहीं।

''परंतु महाराज, वह दिन देखने का सौभाग्य जिनके भाग्य में होगा वे वह दिन देखें; मैं तो इस कुएँ में फिर से उतरूँगा। मेरे साथ जो धर्मयुद्ध में लड़े-जूझे और मारे गए उन्हें छोड़कर अपनी जान बचाने के लिए उन्हीं के शवों पर पैर रखकर मैं ऊपर आया। मुझपर बिजली गिर पड़ती जो मेरे कृतघ्न स्वार्थ के साथ मुझे भस्म कर देती! जिस मार्ग ने मुझे उस भयानक पाप के शिखर पर

चढ़ा दिया, उसी मार्ग से उतरकर इस कुएँ में जहाँ मैं था, वहीं जाकर गिरूँगा; और मृत्यु ने मुझपर जो विजय प्राप्त की उसे उसके हाथ से खींच लूँगा।''

''न! न! पागल कहीं का! अरे मृत्यु भी तभी पवित्र होती है, जब ध्येय की विजय जीवन से भी अधिक उपकारक होती है। मृत्यु कहीं साध्य नहीं है। तेरे जैसे वीर युवक यदि अपना जीवन जाति की उन्नति के लिए देंगे तो धर्म के लिए मरने की बारी किसीपर नहीं आएगी। धर्म के लिए धर्म का आचरण करते हुए जीना प्रमुख कर्तव्य है, इसलिए तू जीवित रहना और इस तरह से जीना कि तेरी जाति भी जिए। चल, उसे पूरा करने पर इन हुतात्माओं की आत्मा को तेरे इस मृत्यु के लिए अनशन व्रत से अधिक आनंद होनेवाला है।''

''महाराज, वह महत्कार्य कौन सा है ?''

''शुद्धि!'' संन्यासी बोला, ''चलो, हम इन हुतात्माओं के खून, मांस से गाढ़े हुए इस कुएँ को ही साक्षी रखकर प्रतिज्ञा करेंगे कि मुसलमानों के अत्याचारों से जिन्हें बलपूर्वक मुसलमान बनाया गया उन सभी हिंदुओं को शुद्ध कर हम फिर से हिंदू-धर्म में ले आएँगे! आत्माहुति से, प्राण बलिदान से जो मर गए उन्होंने हिंदुत्व की रक्षा की। हम जो जीवित हैं, वे शुद्धि की रक्षा करेंगे। इतना ही नहीं, अपितु प्रसार भी करेंगे और शत्रुओं के दुष्ट हेतु विफल करेंगे। चलो!''

□

प्रकरण-9

सबको फिर से हिंदू बनाया

वे चले गए। संन्यासी और दामोदर ने गाँव-गाँव तथा झोंपड़ी-झोंपड़ी में घूमकर मोपलों के अत्याचारों से भ्रष्ट हुए हिंदुओं को शुद्ध करने का काम शुरू किया। मोपलों का उठाव यद्यपि अब पूरा ही दबा दिया गया था, उनके नेता मारे गए थे और उनके लोगों ने दीनता से हार मान ली थी, फिर भी उनके द्वारा भ्रष्ट किए हुए हिंदुओं को शुद्ध करने के लिए संन्यासी और दामोदर प्रयत्न कर रहे हैं, यह देखकर कुछ मोपलों ने उनकी हत्या का यत्न करने में भी आगे-पीछे नहीं देखा।

एक दिन तीसरे प्रहर के आसपास किसी झोंपड़ी के दरवाजे के सामने झाड़ू लगाते समय एक युवती कोई गाना गुनगुना रही थी। उस स्वर को सुनते ही उस मार्ग से गुजरनेवाला एक संन्यासी रुक गया। उस गाने के पालुपद में उसे गोविंदा का नाम अस्पष्ट सुनाई दिया तो वह उस मार्ग को छोड़ उस झोंपड़ी की ओर धीरे-धीरे जाकर एक पेड़ के पास खड़ा हो गया। वह युवती अपनी ही धुन में बार-बार घुमाकर एक पंक्ति गा रही थी और झाड़ू लगा रही थी—'गोविंदा। सुखकंद। मन मोरा लै तोरा छंद।'

संन्यासी आगे बढ़ा। उसे देखते ही वह बच्ची चौंक गई। संन्यासी ने पूछा, ''बेटी! यह झोंपड़ी किसकी है?''

''किसी मोपले की है।''

''और तू यहाँ कैसे आई?'' इस प्रश्न के साथ ही उस लड़की का चेहरा फीका पड़ गया, आशा की उत्कंठा भी उसके चेहरे पर चमकने लगी।

उस प्रांत के मोपला लोगों के मुँह से उसने सुना था कि कोई हिंदू संन्यासी धर्मांतरित हिंदुओं को शुद्ध करके फिर से हिंदू धर्म में लेने का कार्य कर रहा है। मोपला लोग क्रोध से उसे शैतान संन्यासी कहा करते हैं!

उस लड़की के हृदय में सहसा थरथराहट हुई। यही तो नहीं वह संन्यासी? वह रोने लगी।

"रोना मत!" संन्यासी बोला, "बेटी, तूने मोपला स्त्रियों का जाकिट पहना है। परंतु तू यह गोविंदा का गाना गा रही है, इसलिए पूछ रहा हूँ कि क्या तू पहले हिंदू थी?"

जरा ढिठाई से वह लड़की बोली, "भगवान् भक्तों की परीक्षा गोविंद जाकिट से नहीं, हृदय से करता है, ऐसा मेरे माता-पिता मुझे सिखाते थे। मैं हिंदू थी, आपका यह तर्क ठीक है। परंतु मैं हिंदू हूँ भी। यह जाकिट तो मेरे शरीर पर चढ़ा है; मन पर तो नहीं। क्षमा कीजिए। मैंने सुना है कि धर्मभ्रष्ट हुए हिंदू फिर से शुद्ध होकर हिंदू धर्म में तथा समाज में आ सकते हैं। क्या यह सच है?"

जरा ढिठाई से वह लड़की बोली, "भगवान् भक्तों की परीक्षा गोविंद जाकिट से नहीं, हृदय से करता है, ऐसा मेरे माता-पिता मुझे सिखाते थे। मैं हिंदू थी, आपका यह तर्क ठीक है। परंतु मैं हिंदू हूँ भी। यह जाकिट तो मेरे शरीर पर चढ़ा है; मन पर तो नहीं। क्षमा कीजिए। मैंने सुना है कि धर्मभ्रष्ट हुए हिंदू फिर से शुद्ध होकर हिंदू धर्म में तथा समाज में आ सकते हैं। क्या यह सच है?"

संन्यासी ने कहा, "बिल्कुल सच! बलात्कार से अथवा मूर्खता से ही क्यों न हो, जो हिंदू धर्मभ्रष्ट हो जाता है वह सब प्रायश्चित्त कर फिर से हिंदू हो सकता है।"

"महाराज, परंतु मैं तो मसकुनी जाति की, नीच योनि की कन्या हूँ। उसपर भी बलात्कार से किसी मुसलमान ने मुझे यहाँ अपनी बीवी बनाकर रखा है। मैं अभी तक जिंदा हूँ। क्या मेरे लिए भी प्रायश्चित्त है?"

"हाँ है! तेरा चित्त जिस क्षण शुद्ध हुआ उसी क्षण वह प्रायश्चित हो

गया। तू जीवित है, यह मैं भाग्य की बात समझता हूँ। जो उठेगा वह यदि जान देगा तो हमारी हिंदू जाति अपनी ही ओर से नामशेष हो जाएगी। मोपलों को तो धर्मभ्रष्ट कराने का भी कष्ट नहीं करना पड़ेगा। धर्म के बारे में आंतरिक भक्ति यदि विचलित नहीं हुई तो सबकुछ क्षम्य है—नहीं, उसकी गिनती अपराध में होती ही नहीं। ध्येय के बंदरगाह पर जाने के लिए हवा की ओर मुँह करने की अपेक्षा पीठ करना ही उचित है। तू हाँ कह दे कि तू फिर से हिंदू हो सकती है।''

तो फिर महाराज, जल्दी कीजिए। पास के गाँव से वह मुसलमान राक्षस जल्दी ही वापस लौटेगा। इस खेत के पास ही बाकी मोपला रहते हैं। आप यहाँ अधिक समय रहेंगे, तो वे भी आपको देख लेंगे। इसलिए मुझे जल्दी ही यहाँ से ले चलें। जो धर्मभ्रष्ट हिंदू अपने हिंदू धर्म में वापस जाते हैं उन्हें मोपले जान से मार देते हैं, इसलिए शीघ्र चलिए।

आशा के उस पार कुछ अच्छा हो जाय तो मनुष्य जैसे एक क्षण के लिए अपने आप पर भी विश्वास नहीं कर सकता, उसी तरह एक क्षण चकराकर वह लड़की फिर से बोली, ''तो महाराज, क्या मैं सचमुच हिंदू जमात में आ सकती हूँ? महाराज, मैं मसकुनी भी शुद्ध हो सकती हूँ?''

''बिल्कुल हो सकती हो!''

''तो फिर महाराज, जल्दी कीजिए। पास के गाँव से वह मुसलमान राक्षस जल्दी ही वापस लौटेगा। इस खेत के पास ही बाकी मोपला रहते हैं। आप यहाँ अधिक समय रहेंगे, तो वे भी आपको देख लेंगे। इसलिए मुझे जल्दी ही यहाँ से ले चलें। जो धर्मभ्रष्ट हिंदू अपने हिंदू धर्म में वापस जाते हैं उन्हें मोपले जान से मार देते हैं, इसलिए शीघ्र चलिए। क्या मैं चलूँ?''

''अवश्य। परंतु तू मुसलिम वेश में नहीं आना। यह जाकिट उतार दे। तू उस राक्षस से डर मत। मेरे साथी यहाँ पास ही हैं। खोल दे बटन और फेंक दे वह जाकिट।''

यह अकल्पित रिहाई—एक क्षण पहले जिसकी तनिक भी उम्मीद नहीं थी, एक क्षण में होनेवाली यह अकल्पित रिहाई! फिर से हिंदू होना है, इस प्रिय कल्पना से उसके स्त्रीजातीय मृदुल ज्ञानतंतु थरथर कापँने लगे। जाकिट के बटन खुल नहीं रहे थे।

हिंदू जाति में—उसके पीहर में—जाने के मार्ग में मोपला जाकिट का यह द्वार ही बीच में था। उसने उन बटनों को तड़ातड़ तोड़ दिया जो खुल नहीं रहे थे—और उसने वह जाकिट फेंक दिया; और पिंजड़े से छूट फुर्र से उड़कर वृक्ष का आश्रय करनेवाले पंछी की तरह वह कन्या झट से उस संन्यासी की दीर्घ तथा दृढ़ बाँहों के आश्रय में आ गई।

हिंदू जाति में—उसके पीहर में—जाने के मार्ग में मोपला जाकिट का यह द्वार ही बीच में था। उसने उन बटनों को तड़ातड़ तोड़ दिया जो खुल नहीं रहे थे—और उसने वह जाकिट फेंक दिया; और पिंजड़े से छूट फुर्र से उड़कर वृक्ष का आश्रय करनेवाले पंछी की तरह वह कन्या झट से उस संन्यासी की दीर्घ तथा दृढ़ बाँहों के आश्रय में आ गई।

संन्यासी मार्गस्थ हुआ। उस कन्या के साथ थोड़ी दूर चलने पर उसके साथी उसे आकर मिले।

"यह क्या? मालती!" दामोदर आश्चर्य से बोला, "फिर तो हे भगवान्, दुष्टों द्वारा धर्मभ्रष्ट किए गए जितने हिंदू मुझे ज्ञात हैं, वे सब आज फिर से हिंदू जाति को प्राप्त हुए, यह कितने संतोष की बात है!"

संन्यासी बोला, "और मुझे ज्ञात होनेवाले भी। छह महीने भी नहीं हुए होंगे, इस मौलवी ने गर्वगर्जना करते हुए मुझसे कहा था कि 'आज हिंदू धर्म मर गया। इस खिलाफत राज्य में जितने हिंदू थे, सबको भ्रष्ट कर मुसलमान बनाया गया है।' आज हम भी यह कह सकते हैं कि मालाबार में तेरा वह खिलाफत राज्य खत्म हो गया। वह राज्य अब तनिक भी नहीं है। तेरे प्रयत्न विफल हुए।"

"स्वामी! शक और हूणों की तलवारों से होनेवाले घाव आज इस तरह भर चुके हैं, जैसे कभी हुए ही नहीं थे। उसी तरह यह घाव भी आपकी कृपा से भर आया है!"

"यह ठीक हुआ!" संन्यासी गंभीरतापूर्वक बोला, "घावों का भर आना हिंदू जाति की जीवनीशक्ति की श्लाघनीय विजय है, इसमें कोई संदेह नहीं। परंतु आघात ही नहीं हो पाएँ ऐसी क्रियाशक्ति अब उस जीवनीशक्ति से निर्मित करनी चाहिए। घाव भरने की अपेक्षा हमारे हिंदू राष्ट्र तथा जाति पर घाव करने का साहस ही अब किसीको नहीं होना चाहिए, किसीको संधि ही नहीं मिलनी चाहिए—ऐसा सामर्थ्य, ऐसा चैतन्य निर्मित करना चाहिए। वह विजय इस विजय से अधिक प्रशंसनीय होगी। औरंगजेब को पराभूत करके मुगल पादशाही मिट्टी में मिला दी गई, यह तो विजय है ही, परंतु बाबर को, मोहम्मद गजनी को अथवा कासिम को सिंधु नदी पार करने का प्रयत्न करते ही यदि हम उसमें डुबा सकते, कुचल सकते तो वह विजय इससे भी श्रेष्ठ और परिपूर्ण होती। तेरी पीढ़ी को अब ऐसा प्रयत्न करना चाहिए कि यह हिंदू जाति अपने संगठित बल से, इस हिमालय को टेककर निर्भयता से ऐसी यथार्थ गर्जना कर सके कि अन्याय से आघात करने का साहस कोई भी न कर सके?

ऐसी विजय प्राप्त करने का दायित्व, दामोदर और मालती—तुम्हारी पीढ़ी का है।" कहते हुए उस संन्यासी ने दामोदर तथा मालती के हाथों को एक-दूसरे के हाथों में गूँथ दिया और गंभीर स्वर में कहा, "हे युवक, हे युवती! आपका यह पाणिग्रहण आपको तथा आपकी हिंदू जाति को सुखद हो!"